Stefan Gabor

Strafprozessordnung
– StPO –

8. Auflage 2016

ISBN 978-3-86724-128-1

8. Auflage 2016

© 2016 niederle media

Bezug möglich direkt vom Verlag
niederle media
48341 Altenberge
Fax (02505) 93 98 99
E-Mail: info@niederle-media.de
www.niederle-media.de

Lektorat: Johannes Wolz

▶ Strafprozessordnung - StPO -

▶ Vorwort

Dieses Skript ist gedacht als Einführung in die grundlegenden Themen der Strafprozessordnung (StPO). Es behandelt unter anderem den Gang und die Beteiligten des Strafverfahrens, die Verfahrensgrundsätze sowie das Rechtsmittelverfahren.

Der Name **niederle media** steht für Skripten, die zu einem großen Teil von Autoren mit mehrjähriger Lehr-Erfahrung als Hochschullehrer oder AG-Leiter verfasst wurden und die

- klausurrelevante Themen *kompakt* darstellen,

- meist in 1-2 Tagen und demnach *zeitsparend* durchgearbeitet werden können,

- so *verständlich* sind, dass auch Anfänger damit regelmäßig auf Anhieb klarkommen,

- *Fallbeispiele, Übersichten* und *Schemata* enthalten,

- sehr *erschwinglich* sind (ab 7 €).

Aufgrund dieser Eigenschaften sind unsere Skripten hervorragend geeignet für den ersten, unkomplizierten Einstieg in die Materie oder für eine schnelle Wiederholung kurz vor der Prüfung. Dafür drücke ich schon jetzt ganz fest die Daumen,

Jan Niederle

▶ Unsere 📖 Skripten   🗂 Karteikarten   🎧 Hörbücher (CD & MP3)

Zivilrecht

📖 Standardfälle für Anfänger (7,90 €)
📖 🎧 Standardfälle BGB AT (7,90 €)
📖 🎧 Standardfälle Schuldrecht (7,90 €)
📖 🎧 Standardfälle Ges. Schuldverh., §§ 677, 812,823
📖 🎧 Standardfälle Sachenrecht (9,90 €)
📖 🎧 Standardfälle Familien- und Erbrecht (9,90 €)
📖 Klausuren Übung für Fortgeschrittene (7,90 €)
📖 🎧 Basiswissen BGB (AT) (Frage-Antwort)
📖 🎧 Basiswissen SchuldR (AT) 📖 🎧 SchuldR (BT) (7 €)
📖 🎧 Basiswissen Sachenrecht, 📖 🎧 FamR, 📖 🎧 ErbR
📖 Einführung in das Bürgerliche Recht (7,90 €)
📖 Studienbuch BGB (AT) (12 €)
📖 Studienbuch Schuldrecht (AT) (12 €)
📖 Schuldrecht (BT) 1 - §§ 437, 536, 634, 670 ff. (9,90 €)
📖 Schuldrecht (BT) 2 - §§ 812, 823, 765 ff. (9,90 €)
📖 SachenR 1 – Bewegl. S., 📖 SachenR 2 – Unb. S. (9,9 €)
📖 Familienrecht und 📖 Erbrecht (Einführungen) (9,90 €)
📖 Streitfragen Schuldrecht (7,90 €)
📖 🎧 Definitionen für die Zivilrechtsklausur (9,90 €)

Strafrecht

📖 🎧 Standardfälle für Anfänger Band 1 (9,90 €)
📖 Standardfälle für Anfänger Band 2 (7,90 €)
📖 Standardfälle für Fortgeschrittene (12 €)
📖 🎧 Basiswissen Strafrecht (AT) (Frage-Antwort)
📖 🎧 Basiswissen Strafrecht BT 1 und 📖 🎧 BT 2 (7 €)
📖 Strafrecht (AT) (7,90 €)
📖 Strafrecht (BT) 1 – Vermögensdelikte (9,90 €)
📖 Strafrecht (BT) 2 – Nichtvermögensdelikte (9,90 €)
📖 🎧 Definitionen für die Strafrechtsklausur (7,90 €)

Irrtümer und Änderungen vorbehalten!

Öffentliches Recht

📖 Standardfälle Staatsrecht I – StaatsorgaR (9,90 €)
📖 Standardfälle Staatsrecht II – Grundrechte (9,90 €)
📖 🎧 Standardfälle f. Anfänger (StaatsorgaR u. GRe) (7,9 €)
📖 Standardfälle Verwaltungsrecht (AT) (9,90 €)
📖 Standardfälle Polizei- und Ordnungsrecht (9,90 €)
📖 Standardfälle Baurecht (9,90 €)
📖 Standardfälle Europarecht (9,90 €)
📖 Standardfälle Kommunalrecht (9,90 €)
📖 🎧 Basiswissen StaatsR I –StaatsorgaR (Fr-Antw.) (7 €)
📖 🎧 Basiswissen StaatsR II –GrundR (Frage-Antw.) (7 €)
📖 Basiswissen VerwaltungsR AT– (Frage-Antwort) (7 €)
📖 Studienbuch Staatsorganisationsrecht (9,90 €)
📖 Studienbuch Grundrechte (9,90 €)
📖 Studienbuch Verwaltungsrecht AT (12 €)
📖 Studienbuch Europarecht (12,90 €)
🎧 Basiswissen Europarecht
📖 Staatshaftungsrecht (9,90 €)
📖 VerwaltungsR AT 1 – VwVfG u. 📖 AT 2–VwGO (9,90 €)
📖 VerwaltungsR BT 1 – POR (9,90 €)
📖 VerwaltungsR BT 2 – BauR 📖 BT 3 – UmweltR (9,90 €)
📖 🎧 Definitionen Öffentliches Recht (9,90 €)

Steuerrecht

📖 Abgabenordnung (AO) (9,90 €)
📖 Erbschaftsteuerrecht (9,90 €)
📖 Steuerstrafrecht/Verfahren/Steuerhaftung (7,90 €)

Sozialrecht

📖 Kinder- und Jugendhilferecht (7,90 €)
📖 Sozialrecht (9,90 €)

Nebengebiete

📖 🎧 Standardfälle Handels- & GesR (9,90 €)
📖 🎧 Standardfälle Arbeitsrecht (9,90 €)
📖 Standardfälle ZPO (9,90 €)
📖 🎧 Basiswissen HandelsR (Frage-Antwort) (7,9 €)
📖 🎧 Basiswissen Gesellschaftsrecht (7,90 €)
📖 🎧 Basiswissen ZPO (Frage-Antwort) (7,90 €)
📖 🎧 Basiswissen StPO (Frage-Antwort) (7,90 €)
📖 Handelsrecht (9,90 €)
📖 Gesellschaftsrecht (9,90 €)
📖 Arbeitsrecht (9,90 €)
📖 Kollektives Arbeitsrecht (9,90 €)
📖 ZPO I – Erkenntnisverfahren (9,90 €)
📖 ZPO II – Zwangsvollstreckung (9,90 €)
📖 Strafprozessordnung – StPO (9,90 €)
📖 Einf. Internationales Privatrecht - IPR (9,90 €)
📖 Standardfälle IPR (9,90 €)
📖 Insolvenzrecht (9,90 €)
📖 Gewerbl. Rechtsschutz/Urheberrecht (9,90 €)
📖 Wettbewerbsrecht (9,90 €)
📖 Ratgeber 500 Spezial-Tipps für Juristen (12 €)
📖 Mediation (7,90 €)
📖 Sportrecht (9,90 €)

Karteikarten (je 9,90 €)

🗂 Zivilrecht: BGB AT/SchuldR/Grundlagen/Schemata
🗂 Strafrecht: AT/BT-1/BT-2/Streitfragen
🗂 Öff. R.: StaatsorgaR/GrundR/VerwR/Schemata

Assessorexamen

📖 Der Aktenvortrag im Strafrecht (7,90 €)
📖 Der Aktenvortrag im Zivilrecht (7,90 €)
📖 Der Aktenvortrag im Öffentlichen Recht (7,90 €)
📖 Staatsanwaltl. Sitzungsdienst & Plädoyer (9,90 €)
📖 Die strafrechtliche Assessorklausur (7,90 €)
📖 Die Assessorklausur VerwR Bd. 1 (7,90 €)
📖 Die Assessorklausur VerwR Bd. 2 (7,90 €)
📖 Vertragsgestaltung in der Anwaltsstation (7 €)

Irrtümer und Änderungen vorbehalten!

BWL

📖 Einführung i. die Betriebswirtschaftslehre (7,90 €)
📖 Marketing (7 €)
📖 Organisationsgestaltung & -entwickl. (7,90 €)
📖 Fallstudien Organisationsgestaltung & -entwickl.
📖 Internationales Management (7 €)
📖 Wie gelingt meine wiss. Abschlussarbeit? (7 €)

Irrtümer und Änderungen vorbehalten!

Schemata

📖 Die wichtigsten Schemata-ZivR,StrafR,ÖR (14,90)
📖 Die wichtigsten Schemata–Nebengebiete (9,90 €)

🎧 bedeutet: auch als **Hörbuch** (CD oder MP3-Download) lieferbar!

Bei **niederle-media.de** bestellte Artikel treffen idR *nach 1-2 Werktagen* ein!

A. Einleitung

Das Strafverfahren dient der Feststellung und Durchsetzung des staatlichen Strafanspruchs - unter Beachtung rechtsstaatlicher Grundsätze - und der Findung einer Entscheidung, die Rechtsfrieden schafft.[1]

Ziel des Strafprozesses ist – anders als im Inquisitionsprozess – nicht die Überführung des Angeklagten, sondern eine objektive Entscheidung über Schuld, Strafe oder sonstige strafrechtliche Maßnahmen.[2]

Die Strafprozessordnung regelt das Strafverfahren von der Einleitung des Ermittlungsverfahrens bis hin zur Strafvollstreckung.

Im Rahmen dieses Skripts sollen die (vor allem für die universitäre Ausbildung) wesentlichen Fragen und Probleme dieses Rechtsgebiets angesprochen und anhand von Beispielen veranschaulicht werden.aber auch Referendaren bietet das Skript die Möglichkeit, ihr Wissen innerhalb kürzester Zeit aufzufrischen.

Die Literaturhinweise in den Fußnoten geben zudem die Möglichkeit, bestimmte Themen vertieft vor- bzw. nachzubereiten.

---

1 vgl. Beulke, Rn. 3 ff.
2 Meyer-Goßner, Einl., Rn. 2.

B. Grundsätze des Strafverfahrens

Vor der Darstellung des Ablaufs eines Strafverfahrens sollen zunächst die Grundsätze, die ein solches Verfahren prägen, kurz erläutert werden. Einige dieser Grundsätze wirken sich auf das gesamte Verfahren aus, während andere lediglich bestimmte Abschnitte betreffen.

Verfahrensgrundsätze – Übersicht

- Offizialprinzip, § 152 I StPO

- Akkusationsprinzip, § 151 StPO

- Legalitätsprinzip, § 152 II StPO

- Opportunitätsprinzip, §§ 153 ff. StPO

- Untersuchungsgrundsatz, §§ 155 II, 160 I, 244 II StPO

- Beschleunigungsgebot

- Freie richterliche Beweiswürdigung, § 261 StPO

- Mündlichkeitsgrundsatz, § 261 StPO

- Öffentlichkeitsgrundsatz, § 169, S.1 GVG

- Gebot eines fairen Verfahrens

- „in dubio pro reo" - Grundsatz

- Recht auf rechtliches Gehör, Art. 101 I GG

- Recht auf den gesetzlichen Richter, Art. 103 I GG

I. Offizialprinzip

Das Offizialprinzip besagt, dass die Durchführung eines Strafverfahrens eine Angelegenheit des Staates ist. Ihm steht das alleinige Recht zur Verfolgung von Straftaten, unabhängig von Privat- und Opferinteressen, zu.[3] Die Anklage wird nach § 152 I StPO von der Staatsanwaltschaft erhoben.

Beispiel: Die Staatsanwaltschaft erhebt gegen den gewalttätigen E Anklage, nachdem dieser seine Frau F mit einem Gürtel schwer verprügelt hat, obwohl F darum gebeten hat, das Verfahren einzustellen.

Eine **Einschränkung** erfährt das Offizialprinzip für den Bereich der **Antragsdelikte**. Zu unterscheiden ist hierbei zwischen reinen und relativen Antragsdelikten. Bei den reinen Antragsdelikten (z.b. Beleidigung, § 194 StGB; Hausfriedensbruch, § 123 II StGB) muss das Verfahren eingestellt werden, wenn kein Strafantrag vorliegt.

Bei den relativen Antragsdelikten (z. B. fahrlässige und vorsätzliche Körperverletzung, § 230 StGB) kann der fehlende Strafantrag überwunden werden, wenn ein besonders öffentliches Interesse an der Verfolgung der Tat besteht. Zum Stellen des Strafantrags ist nach § 77 StGB grundsätzlich der Verletzte berechtigt.

Beispiel: A wurde von seinem Nachbarn N, mit dem er sich grundsätzlich gut versteht, im Streit als „Arschloch" bezeichnet. A verzichtet auf einen Strafantrag, es erfolgt keine Anklage.

Beispiel: B wurde von seinem Mitschüler M zum wiederholten Male verprügelt. Dessen Kumpel K nahm den Vorgang mit seiner Handykamera auf. Aus Angst vor weiteren Repressalien stellt B keinen Strafantrag. Der Staatsanwalt S erhebt dennoch Anklage.

Eine **Ausnahme** vom Offizialprinzip stellt das **Privatklageverfahren** nach §§ 374 ff. StPO dar. Der Verletzte kann hiernach die in § 374 I StPO genannten Delikte ohne Hinzuziehung der Staatsanwaltschaft selbst verfolgen. Die öffentliche Klage wird in diesen Fällen gemäß § 376 StPO nur erhoben, wenn dies im öffentlichen Interesse liegt.

---

3   Volk, § 18, Rn. 2 .

II. Akkusationsprinzip

Nach dem in § 151 StPO festgeschriebenen Akkusationsprinzip darf das Gericht nur tätig werden, wenn eine Anklage erhoben wurde. Der Umfang der gerichtlichen Untersuchung und Entscheidung beschränkt sich nach § 155 I StPO auf die angeklagte Tat, d.h. auf den „tatsächlichen Verfahrensstoff"[4] der angeklagt wurde.

An die Rechtsauffassung der Staatsanwaltschaft ist das Gericht demgegenüber nach § 155 II StPO nicht gebunden.

III. Legalitätsprinzip

Das Legalitätsprinzip verpflichtet die Staatsanwaltschaft nach §152 II StPO zum einschreiten, sofern „zureichende tatsächliche Anhaltspunkte" für eine Straftat vorliegen. Bei hinreichendem Tatverdacht[5] hat sie nach § 170 I (i. V. m. § 203) StPO Anklage zu erheben.

IV. Opportunitätsprinzip

Eingeschränkt wird das Legalitätsprinzip durch das sogenannte Opportunitätsprinzip. Dieses ermöglicht der Staatsanwaltschaft nach §§ 153 ff. StPO in den dort genannten Fällen (z. B. bei Geringfügigkeit, § 153 StPO; bei Erfüllung von Auflagen und Weisungen, § 153 a StPO; bei unwesentlichen Nebenstraftaten, §154 StPO) von der Strafverfolgung abzusehen, wobei zum Teil die Zustimmung des für die Eröffnung des Hauptverfahrens zuständigen Gerichts erforderlich ist (so z. B. nach § 153 I, S.1 StPO).

---

4   Volk, § 13, Rn. 5.
5   zu den einzelnen Verdachtsstufen siehe **C.**

V. Untersuchungsgrundsatz

Der Untersuchungsgrundsatz besagt, dass Gericht und Staatsanwaltschaft verpflichtet sind, den Sachverhalt, unabhängig von
Anträgen der Beteiligten, von Amts wegen zu erforschen. Dies
ergibt sich aus den §§ 155 II, 160 I, 244 II StPO.

Beispiel: Das Gericht holt ein Sachverständigengutachten ein, um festzustellen, ob die Verletzungen des Opfers durch die beim Angeklagten
gefundene vermeintliche Tatwaffe verursacht werden konnten.

VI. Beschleunigungsgebot

Aus **Art. 2 II 2 GG i. V. m. Art. 20 III GG** ergibt sich das Gebot der
beschleunigten Durchführung von Strafverfahren. Das Verfahren
ist innerhalb einer angemessenen Frist zu erledigen, wobei der
Umfang der Ermittlungen, die Komplexität des Verfahrens, die
Schwere des Delikts und auch das Verhalten des Beschuldigten
bei der Frage der Angemessenheit zu berücksichtigen sind.

Eine überlange Verfahrensdauer ist im Rahmen der Strafzumessung zugunsten des Angeklagten zu berücksichtigen.

VII. Freie richterliche Beweiswürdigung

Nach **§ 261 StPO** ist das Gericht in seiner Würdigung des Beweis-
ergebnisses frei. Es entscheidet nach seiner aus der Verhandlung
gewonnenen Überzeugung.

Jedoch dürfen Beweise nicht berücksichtigt werden, für die ein
Beweisverwertungsverbot besteht.[6]

---

6   vgl. **C. III**

VIII. Mündlichkeitsgrundsatz

Mündlichkeitsgrundsatz bedeutet, dass über die angeklagte Tat mündlich verhandelt wird. Dies ergibt sich bereits aus **§ 261 StPO**, wonach das Gericht seine Überzeugung aus dem Inbegriff der Verhandlung gewinnt. Im Urteil darf nur berücksichtigt werden, was auch in den Prozess eingeführt wurde.[7]

IX. Öffentlichkeitsgrundsatz

Gemäß **§ 169 S. 1 GVG** findet die Hauptverhandlung öffentlich statt. Die Öffentlichkeit wird begrenzt durch die dem Gericht zur Verfügung stehenden Räumlichkeiten.[8]

Beispiel: Ein Verfahren gegen einen prominenten Musiker sorgt für großes öffentliches Interesse. Zur Verhandlung finden sich 300 Zuschauer ein, der größte Saal des Landgerichts fasst aber nur 200. Den Übrigen Interessierten wird der Zutritt mit Hinweis auf die begrenzten räumlichen Kapazitäten verweigert. Dennoch ist der Grundsatz der Öffentlichkeit gewahrt.

§ 169 S. 2 GVG erklärt Rundfunk- und Fernsehaufnahmen für unzulässig. Diese Einschränkung gilt für die Verhandlung und die Urteilsverkündung, nicht hingegen in Verhandlungspausen bei Abwesenheit des Angeklagten.[9] Auch vor dem Beginn und nach dem Ende der Verhandlung sind Aufnahmen zulässig.[10]

Nach § 48 JGG gilt der Grundsatz der Öffentlichkeit nicht in Verfahren vor dem Jugendgericht.

In §§ 171 a ff. GVG finden sich weitere Konstellationen, in denen die Öffentlichkeit ausgeschlossen werden kann, etwa zum Schutz der Privatsphäre eines Beteiligten (§ 171 b GVG).

Beispiel: Das Opfer einer Vergewaltigung wird unter Ausschluss der Öffentlichkeit über den Ablauf der Tat vernommen.

---

7 Volk, § 18, Rn. 25.
8 Brodag, Rn. 111.
9 BGHSt 23, 123, Urteil vom 27. Oktober 1969.
10 BVerfG NStZ 1993, 89, Beschluss vom 11. November 1962.

X. Gebot eines fairen Verfahrens

Das Gebot des fairen Verfahrens („fair trial" - Grundsatz) wird aus dem Rechtsstaatsprinzip hergeleitet[11] und ergibt sich außerdem direkt aus **Art. 6 I EMRK**. Es handelt sich um eine „generalklauselartige Maxime"[12], die die Einhaltung von Mindeststandards bei der Strafverfolgung sichert.[13]

Die Reichweite dieses Gebots ist jedoch bislang nicht eindeutig geklärt, so dass es letztlich vom Einzelfall abhängt, ob aufgrund des „fair trial" - Grundsatzes ein bestimmtes prozessuales Verhalten vorgeschrieben ist.[14]

Zum „fair trial" – Grundsatz gehört nach der Rechtsprechung auch das „nemo tenetur" – Prinzip, d. h. das Recht des Angeklagten, zu schweigen und sich nicht selbst zu belasten.[15]

XI. „in dubio pro reo" – Grundsatz

Nach dem „in dubio pro reo" - Grundsatz hat, wenn das Gericht an der Täterschaft des Angeklagten zweifelt oder von dem Vorliegen einer beweiserheblichen Tatsache nicht überzeugt ist, die für den Angeklagten günstigste Rechtsfolge einzutreten.[16]

Beispiel: T wurde vergiftet in seiner Wohnung aufgefunden. Zum Zeitpunkt seines Todes war außer ihm nur S anwesend. Es lässt sich aber nicht zweifelsfrei feststellen, ob dem T das Gift von S verabreicht wurde, oder ob T sich selbst umgebracht hat. S wird freigesprochen.

Beispiel: Es kann nicht geklärt werden, ob T bei der Begehung eines Diebstahls eine Tür aufgehebelt hat. Er wird nur nach § 242 StGB bestraft.[17]

---

11 BGHSt 32, 345 (351), Urteil vom 23. Mai 1984.
12 Roxin, § 11, Rn .9.
13 Brodag, Rn. 70.
14 vgl. Beulke, Rn. 28 (mit Nachweisen aus der Rechtsprechung).
15 BGHSt 38, 214 (220), Beschluss vom 27. Februar 1992.
16 Meyer-Goßner, § 261, Rn. 26.
17 nach Brodag, Rn. 104.

Auf Rechtsfragen ist der „in dubio pro reo" - Grundsatz nicht anwendbar. Diese sind zu entscheiden.[18]

Auch für verfahrensrechtliche Zweifelsfragen gilt der Grundsatz nicht.[19]

Beispiel: Es ist unklar, ob von den Ermittlungsbeamten verbotene Vernehmungsmethoden angewandt wurden. Die Aussage des Beschuldigten kann verwertet werden.[20]

XII. Recht auf den gesetzlichen Richter

Gemäß **Art.101 I GG** darf niemand seinem gesetzlichen Richter entzogen werden. Das Prinzip des gesetzlichen Richters besagt, dass durch eine abstrakt-generelle Regelung im Voraus festgelegt wird, welcher Richter für ein zukünftiges Verfahren zuständig ist.

Neben den gesetzlichen Regelungen zur sachlichen, örtlichen und funktionellen Zuständigkeit geschieht dies in der Praxis durch Geschäftsverteilungspläne, aus denen sich ergibt, welches Verfahren von welchem Richter bearbeitet wird.

Beispiel: Meier klaut in Neustadt das Auto von E. Aus den §§ 24, 25 GVG ergibt sich die sachliche Zuständigkeit des Strafrichters am Amtsgericht. Örtlich zuständig ist gemäß § 7 StPO das Amtsgericht Neustadt. Über den Geschäftsverteilungsplan lässt sich feststellen, dass das Verfahren in die Zuständigkeit von Richter R fällt, da dieser für alle Verfahren gegen Angeklagte, deren Nachname mit M anfängt, zuständig ist (sog. Buchstabendezernat).[21]

Ausnahmegerichte, d. h. Gerichte die zur Entscheidung konkret bestimmter Fälle berufen werden, sind gemäß Art. 101 I 1 GG verboten.[22]

---

18   Volk, § 18, Rn. 24.
19   Brodag, Rn. 107.
20   vgl. BGHSt 16, 164 (167), Urteil vom 28. Juni 1961.
21   näheres zu sachlicher und örtlicher Zuständigkeit im Folgenden
22   näheres zum gesetzl. Richter (mit weiteren Nachweisen):
     Jarass/Pieroth, Art. 101 (insb. Rn. 8).

XIII. Recht auf rechtliches Gehör

Art. 103 I GG garantiert jedermann, d. h. jedem, der als Partei oder in ähnlicher Stellung an einem Gerichtsverfahren beteiligt ist,[23] das Recht auf rechtliches Gehör. Dem Betroffenen ist die Möglichkeit zu geben, sich zu den bestehenden Vorwürfen zu äußern, Anträge zu stellen und Ausführungen zu machen, wobei das Gericht diese zur Kenntnis nehmen und in Erwägung ziehen muss.[24]

Die wohl wichtigste einfachgesetzliche Ausprägung des Rechts auf rechtliches Gehör ist das letzte Wort des Angeklagten vor Gericht, § 258 II StPO.[25]

---

23 Jarass/Pieroth, Art.103, Rn. 6.
24 vgl. Brodag, Rn. 112 c.
25 siehe **C. III. 5.**

C. Ablauf des Strafverfahrens

Das Strafverfahren lässt sich in drei Abschnitte einteilen: das Vor- bzw. Ermittlungsverfahren, das Zwischenverfahren und das Hauptverfahren.

I. Vorverfahren / Ermittlungsverfahren

- **Einleitung des Ermittlungsverfahrens bei** Vorliegen zureichender tatsächlicher Anhaltspunkte für die Begehung einer Straftat, vgl. § 152 II StPO (sog. **Anfangsverdacht**);

- Ermittlungen durch Staatsanwaltschaft und Polizei;

- **Anklageerhebung** nach § 170 I StPO erfolgt, **wenn hinreichender Tatverdacht** besteht, d. h. wenn eine Verurteilung wahrscheinlich ist, ansonsten Einstellung des Verfahrens nach § 170 II StPO;

- **nach Anklageerhebung**: Bezeichnung des Beschuldigten als **Angeschuldigter**, § 157 StPO.

II. Zwischenverfahren

- Gericht beschließt die **Eröffnung des Hauptverfahrens**, ggf. mit Änderungen der Anklage (vgl. § 207 II StPO), **wenn hinreichender Tatverdacht** besteht, § 203 StPO;

- **nach Beschluss zur Eröffnung des Hauptverfahrens**: Bezeichnung des Beschuldigten als **Angeklagter**, § 157 StPO;

- ansonsten Ablehnung der Eröffnung, § 204 StPO.

III. Hauptverfahren

- mündliche Verhandlung vor dem erkennenden Gericht;

- Entscheidung des Gerichts durch **Urteil, § 260 StPO.**

I. Vor- / Ermittlungsverfahren

Das Vor- bzw. Ermittlungsverfahren dient zum einen dazu, festzustellen, ob gegen einen Beschuldigten eine Anklage zu erheben ist, zum anderen dazu, Beweise zu sammeln und zu sichern.[26] Beschuldigter ist der Tatverdächtige, gegen den ein Verfahren als Beschuldigter betrieben wird.[27] Die Beschuldigung muss sich durch einen „Willensakt" der Strafverfolgungsbehörden manifestiert haben.[28]

Beispiel: Nachdem bei A eine Kette aus einem Raub bei einem Juwelier gefunden wurde, nimmt ihn die Polizei vorläufig fest.

Der Begriff des Beschuldigten umfasst auch die Begriffe Angeschuldigter und Angeklagter.[29]

1. Einleitung des Ermittlungsverfahrens

Gemäß § 152 II StPO wird ein Ermittlungsverfahren eingeleitet, wenn zureichende tatsächliche Anhaltspunkte für die Begehung einer Straftat vorliegen (sog. **Anfangsverdacht**).

a. Strafanzeige, § 158 StPO

Solche Anhaltspunkte können sich ergeben, wenn nach § 158 StPO bei der Staatsanwaltschaft, der Polizei oder den Amtsgerichten eine Strafanzeige eingereicht wird.

Beispiel: Z kommt in die Polizeiwache und berichtet, dass er gesehen hat, wie jemand mit einem Bolzenschneider ein Fahrradschloss geöffnet hat und danach mit dem Fahrrad weggefahren ist. Hier bestehen Anhaltspunkte für das Vorliegen einer Sachbeschädigung und eines Diebstahls.

---

26 Brodag, Rn.145.
27 BGH St, 37, 48 (51), Urteil vom 31. Mai 1990.
28 Volk, § 9, Rn. 3.
29 Brodag, Rn. 37.

18

Die Strafanzeige kann mündlich oder schriftlich gestellt werden, §
158 I StPO.

b. Amtliche Wahrnehmungen, § 160 I, 2.Alt. StPO

Außerdem können die Behörden dienstliche Wahrnehmungen
machen, die einen Anfangsverdacht für das Vorliegen einer
Straftat begründen können.

Beispiel: Der Polizist P bemerkt auf einer Streifenfahrt einen Pkw, der
Schlangenlinien fährt. P hält den Wagen an, weil Anhaltspunkte für eine
Trunkenheitsfahrt vorliegen. Er lässt einen Atemalkoholtest durchführen.

Probleme können sich ergeben, wenn ein Staatsanwalt oder
Polizist **außerdienstlich Kenntnisse erlangt**, die den Verdacht
einer Straftat begründen.

Beispiel: Beim Klassentreffen erzählt K seinem alten Kumpel, dem
Staatsanwalt S, dass er auf dem Hinweg mit dem Auto ein stehendes
Fahrzeug beschädigt habe, weil er schon „zu voll" gewesen sei. Angesichts des wichtigen Treffens mit den alten Freunden habe er aber
„nicht warten können, bis sich jemand um die Sache kümmert."

Aufgrund des Legalitätsprinzips[30] stellt sich die Frage, ob auch bei
privater Kenntniserlangung ein Einschreiten erfolgen **muss**. Der
BGH hat dies bejaht, „wenn durch Art und Umfang der Straftat
Belange der Öffentlichkeit und der Volksgemeinschaft in be-
sonderem Maße berührt werden."[31]

Zum Teil wird eine Ermittlungspflicht aufgrund privat erlangter
Erkenntnisse grundsätzlich abgelehnt. Die Formel des BGH sei zu
unbestimmt, das Privatleben der Ermittlungspersonen werde zu
stark eingeschränkt.[32]

---

30 vgl. **B. III.**
31 BGHSt 5, 225 (229), Urteil vom 15. Dezember 1953;
    BGHSt 12, 277 (280/281), Urteil vom 16. Dezember 1958.
32 so z. B. Volk, § 8, Rn.11.

2. Durchführung der Ermittlungen

Sofern ein Anfangsverdacht besteht, erforscht die Staatsanwaltschaft den Sachverhalt, um festzustellen, ob Anklage zu erheben ist, §§ 160 I, 161 StPO. Dabei wird sie nach § 163 StPO von der Polizei unterstützt. Staatsanwaltschaft und Polizei sind gemäß §§ **161 I, 163 I StPO** berechtigt, zur Sachverhaltserforschung **Ermittlungen jeder Art** durchzuführen, sofern ihre Befugnisse nicht durch andere Vorschriften besonders geregelt sind. In der Strafprozessordnung finden sich zahlreiche dieser Vorschriften, die den Ermittlungsbehörden bei Vorliegen ihrer jeweiligen Voraussetzungen verschiedene **Eingriffe undZwangsmaßnahmen** ermöglichen.

gegenüber Beschuldigten / Verdächtigen	gegenüber Dritten
- Unterbringung zur Beobachtung, § 81 StPO;	
- Körperl. Untersuchung / Blutprobe, § 81 a StPO;	- Körperl. Untersuchung / Blutprobe, § 81 c StPO;
- Erkennungsdienstliche Behandlung, § 81 b StPO;	
- DNA – Identitätsfeststellung, § 81 g StPO;	
- Beschlagnahme, § 94 II StPO;	- Beschlagnahme, § 94 II StPO;
	- Rasterfahndung, § 98 a StPO;
- Überwachung der Telekommunikation, § 100 a StPO;	- Überwachung der Telekommunikation, § 100 a III StPO;
- Techn. Mittel, § 100 c ff. StPO;	- Techn. Mittel, § 100 c III 2, 100 f II 2 StPO;
- Durchsuchung, § 102 StPO;	- Durchsuchung, § 103 StPO;

gegenüber Beschuldigten / Verdächtigen	gegenüber Dritten
- Verdeckte Ermittler, § 110 a StPO;	
- Untersuchungshaft, § 112 StPO;	
- Vorläufige Festnahme, § 127 StPO	
- Ausschreibung zur Festnahme, § 131 StPO; Aufenthaltsermittlung, § 131 a StPO	- Ausschreibung zur Aufenthaltsermittlung, § 131 a StPO;
- Identitätsfeststellung, § 163 b I StPO;	- Identitätsfeststellung, § 163 b II StPO;
- Polizeiliche Beobachtung, § 163 e StPO;	- Polizeiliche Beobachtung, § 163 e I 3 StPO;
- längerfristige Observation, § 163 f StPO.	- längerfristige Observation, § 163 f I 3 StPO.

Einige wichtige dieser Eingriffs- und Zwangsmaßnahmen sollen im Weiteren näher erörtert werden.

Da die Maßnahmen regelmäßig zu Grundrechtseingriffen führen, ist der **Grundsatz der Verhältnismäßigkeit** zu beachten. Dieser wird häufig durch die jeweiligen Vorschriften konkretisiert.

a. Körperliche Untersuchung / Blutprobe, § 81 a StPO

Unter folgenden Voraussetzungen ermöglicht § 81 a StPO eine körperliche Untersuchung (S.1) sowie die Entnahme von Blutproben und andere körperliche Eingriffe (S.2):

Einfache körperl. Unters., S.1	Körperliche Eingriffe, S.2
- **Beschuldigter:** Untersuchter muss Beschuldigter sein; hinr. tatsächliche Anhaltspunkte (§152 II StPO) genügen;	- **Beschuldigter:** Untersuchter muss Beschuldigter sein; zur. tatsächliche Anhaltspunkte (§152 II StPO) genügen;
- Zweck: Feststellung verfahrenserheblicher Tatsachen	- Zweck: Feststellung verfahrenserheblicher Tatsachen;
	- **Vornahme durch Arzt**;
	- **keine gesundheitlichen Nachteile.**

Die einfache körperliche Untersuchung dient dem Zweck, die Beschaffenheit des Körpers oder einzelner Körperteile, aber auch das Vorhandensein von Fremdkörpern in den Köperöffnungen, durch sinnliche Wahrnehmung ohne körperliche Eingriffe festzustellen.[33]

Beispiel: B wird einer Sexualstraftat beschuldigt. Das Opfer hat angegeben, sich heftig gewehrt und den Täter mehrfach gekratzt zu haben. Daraufhin wird B' s Körper in Augenschein genommen, um festzustellen, ob er Kratzspuren aufweist.

Körperliche Eingriffe i. S. d. § 81 a I 2 StPO liegen insbesondere bei Entnahme natürlicher Körperbestandteile (Blut, Liquor, Samen, Harn, Speichel), bei Zuführung von Stoffen in den Körper oder bei sonstigen Eingriffen in das haut- und muskelumschlossene Innere des Körpers vor.[34]

Zu beachten ist, dass die durch Maßnahmen nach § 81 a I StPO erlangten Materialien zu den in § 81 e StPO genannten Zwecken auch molekulargenetisch untersucht werden dürfen.

Beispiel: Bei der körperlichen Untersuchung von M, der wegen Mordes beschuldigt wird, werden unter seinen Fingernägeln Hautpartikel gefunden. Diese werden molekulargenetisch untersucht, um festzustellen, ob sie von dem Opfer stammen.

---

33 Meyer-Goßner, § 81 a, Rn.9.
34 Meyer-Goßner, § 81 a, Rn.15.

Nach § 81a StPO darf nur ein Beschuldigter untersucht werden. Die **Untersuchung anderer Personen** ist nur unter den engeren Voraussetzungen des **§ 81 c StPO** zulässig. Für die Beschuldigteneigenschaft i. S. d. § 81 a StPO ist nicht erforderlich, dass bereits ein Ermittlungsverfahren anhängig ist. Vielmehr genügt, wenn bei Tatverdacht nach § 152 II StPO ein solches eingeleitet werden kann.[35]

Der Beschuldigte muss die Durchführung der Maßnahmen dulden, ist aber nicht zu einer aktiven Mitwirkung verpflichtet.[36]

Zur Verhältnismäßigkeit gilt: Je schwerer die Maßnahme in Rechte des Beschuldigten eingreift, desto höhere Anforderungen sind an den Tatverdacht zu stellen. Der Eingriff muss außerdem unerlässlich sein und in einem angemessenen Verhältnis zur Schwere der verfolgten Tat stehen.[37]

Die**Anordnung** obliegt gemäß **§ 81 a II StPO** grundsätzlich dem **Richter**. Bei Gefährdung des Untersuchungsergebnisses durch Verzögerung kann sie auch durch die Staatsanwaltschaft und deren Ermittlungspersonen (Hilfsbeamte der StA, § 152 GVG) erfolgen.

Die Anordnung ist entbehrlich, wenn der Beschuldigte in die Durchführung der Maßnahmen wirksam einwilligt.[38]

b. Erkennungsdienstliche Behandlung, § 81 b StPO

§ 81 b StPO gestattet die Anfertigung von Lichtbildern und die Abnahme von Fingerabdrücken eines Beschuldigten zur Durchführung eines Strafverfahrens (1.Alt.) oder für erkennungsdienstliche Zwecke (2.Alt.). Während die erste Alternative eine strafprozessuale Eingriffsgrundlage darstellt, handelt es sich bei der zweiten Alternative um eine polizeirechtliche Norm, d. h. um ein Tätigwerden zur Gefahrenabwehr.

---

35 Meyer-Goßner, § 81 a, Rn.2.
36 Beulke, Rn.241.
37 Göbel, S.19.
38 Meyer-Goßner, § 81 a, Rn.3.

Beispiel: Von einem Beschuldigten werden Fingerabdrücke abgenommen, um sie mit Abdrücken zu vergleichen, die am Tatort gesichert wurden; § 81 b, 1. Alt. StPO.

Beispiel: Von polizeilich bekannten Hooligans werden Lichtbilder angefertigt. Diese sollen bei zukünftigen Fußballspielen einen Abgleich ermöglichen und die Durchsetzung bestehender Stadionverbote gewährleisten; § 81 b, 2.Alt. StPO.

Zuständig für die **Anordnung** sind die **Staatsanwaltschaft** und die **Polizei.**[39]

c. DNA – Identitätsfeststellung, § 81 g StPO

Die Entnahme einer DNA - Probe zum Zwecke der Identitätsfeststellung in künftigen Strafverfahren ist gemäß § 81 g StPO nunmehr[40] zulässig, wenn der Beschuldigte einer Straftat von erheblicher Bedeutung oder einer Straftat gegen die sexuelle Selbstbestimmung verdächtig ist und aufgrund bestimmter Erkenntnisse Grund zu der Annahme besteht, dass gegen ihn zukünftig weitere Strafverfahren wegen Straftaten von erheblicher Bedeutung zu führen sind. Die wiederholte Begehung sonstiger Straftaten kann der Begehung einer Straftat von erheblicher Bedeutung gemäß § 81 g I 2 StPO gleichstehen.

§ 81 g II StPO beschränkt die Verwendung der entnommenen Körperzellen ausdrücklich auf die zur Identitätsfeststellung erforderliche Untersuchung.

Nach § 81 g III 1 StPO ist für die **Anordnungder Entnahme** der Körperzellen das Gericht, bei Gefahr im Verzug auch die Staatsanwaltschaft und deren Ermittlungspersonen, zuständig.

Die **Anordnung der molekulargenetischen Untersuchung** darf nur durch das Gericht erfolgen, § 81 g III 2 StPO. Neben der Ausweitung des Anwendungsbereiches des § 81 g StPO wurde im Rahmen der gesetzlichen Neuregelung in § 81 h StPO eine rechtliche Grundlage für die Durchführung von freiwilligen „Massengentests" geschaffen.

---

39 Göbel, S. 20.
40 gesetzliche Neuregelung seit Ende 2005

Beispiel: Nach einem Sexualverbrechen in einem kleinen Ort geht die Polizei aufgrund der bisherigen Ermittlungsergebnisse von einem Täter aus der näheren Umgebung aus. Daraufhin wird die männliche Bevölkerung des Ortes im Alter von 18 – 50 Jahren zur freiwilligen Abgabe einer Speichelprobe gebeten.

d. Sicherstellung von Beweisgegenständen, §§ 94 ff. StPO

§ 94 StPO regelt die Sicherstellung von Gegenständen, die als Beweismittel in Betracht kommen. Hiervon **abzugrenzen** ist die Sicherstellung von Gegenständen, die der Einziehung oder dem Verfall unterliegen. In diesen Fällen finden **§§ 111 b ff. StPO** Anwendung (Ausnahme: einzuziehende Führerscheine, vgl. § 94 III StPO).

Im Rahmen des § 94 StPO ist danach zu unterscheiden, ob die Gegenstände freiwillig herausgegeben werden, oder nicht. **Bei freiwilliger Herausgabe** werden die Gegenstände nach **§ 94 I StPO** formlos sichergestellt, i. d. R. durch Inverwahrungnahme.

Sofern die Gegenstände **nicht freiwillig herausgegeben** werden, bedarf es gemäß **§ 94 II StPO** der **Beschlagnahme**. Diese ist unter folgenden Voraussetzungen möglich:

- Beschlagnahmeobjekt: Gegenstand; bewegliche und unbewegliche Sachen aller Art, unabhängig vom bürgerlich-rechtlichen Sachbegriff (auch Leichen)[41];

- Beweisbedeutung für Untersuchung (Anfangsverdacht einer Straftat und potentielle Beweisbedeutung ausreichend)[42];

- kein Beschlagnahmeverbot nach § 97 StPO.

Die **Anordnung** der Beschlagnahme erfolgt nach **§ 98 I 1 StPO** grundsätzlich durch den **Richter**, bei Gefahr im Verzug auch durch die Staatsanwaltschaft und deren Ermittlungspersonen. Wurde ein Gegenstand ohne richterliche Anordnung beschlagnahmt, so ist

---

41 Brodag, Rn.456.
42 Volk, § 10, Rn.32.

unter den Voraussetzungen des § 98 II StPO binnen drei Tagen die richterliche Bestätigung zu beantragen.

Beispiel: A wird beschuldigt, eine Bank überfallen zu haben. Die Polizei durchsucht[43] aufgrund einer richterlichen Anordnung die Wohnung von A's Bruder B, da sie dort einen Teil der Beute vermutet. Sie findet zwar kein Geld, aber einen Brief von A an B, in dem er von dem Raub berichtet. Der Brief kann wegen § 97 I, Nr.1 StPO nicht beschlagnahmt werden, da es sich um eine schriftliche Mitteilung zwischen dem Beschuldigten und einem nach § 52 StPO Zeugnisverweigerungsberechtigten handelt.[44]

Das Beschlagnahmeverbot nach § 97 StPO soll eine Umgehung der Zeugnisverweigerungsrechte der §§ 52, 53 StPO verhindern.[45]

e. Telekommunikationsüberwachung, §§ 100 a f. StPO

Gemäß § 100 a StPO ist die Überwachung und Aufzeichnung der Telekommunikation – und damit ein Eingriff in Art. 10 GG – unter den folgenden Voraussetzungen zulässig:

- Verdacht einer Katalogtat nach § 100 a II StPO (der Tatverdacht muss weder hinreichend, noch dringend sein[46]);

- Subsidiaritätsklausel: Ermittlungen auf andere Weise aussichtslos oder wesentlich erschwert (§ 100 a I, Nr.3.);

- Tat wiegt auch im Einzelfall besonders schwer (§ 100 a I, Nr.2);

- nicht allein Äußerungen aus dem Kernbereich privater Lebensgestaltung zu erwarten (§ 100 a IV StPO); falls derartige Themen erfasst: Löschung der Aufzeichnungen (§ 100 a IV, S.3 StPO).

Die **Anordnung** der Telekommunikationsüberwachung obliegt nach § **100 b I, S.1 StPO** grundsätzlich dem **Gericht**. Bei Gefahr

---

43 zur Durchsuchung: **C. I. 2. h.**
44 zur Folge von Verstößen gegen das Beschlagnahmeverb.: **C. III. 5. f.**
45 vgl. Meyer-Goßner, § 97, Rn.1.
46 vgl. Meyer-Goßner, § 100 a, Rn.9.

im Verzug kann die Anordnung auch von der Staatsanwaltschaft getroffen werden,§ 100 b I 2 StPO. In diesem Fall ist binnen drei Werktagen die richterliche Bestätigung einzuholen, ansonsten tritt die Anordnung außer Kraft, § 100 b I, S.3 StPO.

Maßnahmen nach § 100 a StPO sind nicht nur gegen Verdächtige, sondern gemäß § 100 a III StPO **auch gegen Nichtverdächtige** möglich, **sofern** bestimmte Tatsachen die Annahme rechtfertigen, dass sie für den Beschuldigten Mitteilungen entgegennehmen oder weiterleiten oder dass der Beschuldigte ihren Anschluss benutzt. Dies gilt selbst gegenüber zeugnisverweigerungsberechtigten Personen.[47]

Zu beachten ist, dass es am Vorliegen eines Eingriffs in Art. 10 GG fehlt, sobald nur einer der Teilnehmer am Fernmeldeverkehr mit den Abhörmaßnahmen einverstanden ist.[48] In diesen Fällen bedarf es daher auch keines richterlichen Beschlusses.[49]

Beispiel: F wird durch nächtliche Telefonanrufe, in denen sie schwer beleidigt wird, terrorisiert. Sie bittet die Polizei um Hilfe. Mit ihrem Einverständnis werden daraufhin die folgenden Anrufe mitgeschnitten, um den Täter ausfindig zu machen.

Sofern im Rahmen der Telefonüberwachung zufällig Informationen erlangt werden, die in anderen Strafverfahren von Bedeutung sein können, so dürfen diese nach Maßgabe des § 477 II 2 StPO (diese Vorschrift regelt nunmehr zentral die Verwertung von „Zufallsfunden") in diesen Verfahren nur dann zu Beweiszwecken verwendet werden, wenn es sich bei der aufzuklärenden Tat um eine Katalogtat nach § 100 a StPO handelt (früher geregelt in § 100 b V StPO).

f. Akustische Wohnraumüberwachung, sog. „großer Lauschangriff", §§ 100 c ff. StPO

§ 100 c StPO bietet die Rechtsgrundlage für den sog. „großen Lauschangriff", das **Abhören und Aufzeichnen des in einer**

---

47 Meyer-Goßner, § 100 a, Rn.18.
48 Göbel, S.40.
49 vgl. Göbel, S.40.

Wohnung nichtöffentlich gesprochenen Wortes mit technischen Mitteln. Die Vorschrift ermöglicht damit einen Eingriff in die von Art. 13 GG geschützte Unverletzlichkeit der Wohnung. Nichtöffentlich i. S. d. Vorschrift sind alle Gespräche, die für niemanden anders, als den Gesprächspartner bestimmt sind.[50]

Das **Bundesverfassungsgericht** hat die **frühere gesetzliche Regelung** im Jahre 2004 **teilweise für verfassungswidrig erklärt.**[51] Die damaligen Vorschriften der Strafprozessordnung boten nach Auffassung des Gerichts keine hinreichenden „Sicherungen der Unantastbarkeit der Menschenwürde".

Das Bundesverfassungsgericht hat dem Gesetzgeber in der Entscheidung klare Vorgaben gemacht. Sofern die Überwachung zur Erhebung von Informationen aus dem absolut geschützten Kernbereich privater Lebensgestaltung führt, ist die Maßnahme abzubrechen. Bereits gemachte Aufzeichnungen sind zu löschen, die Informationen dürfen in keiner Weise verwendet werden.[52]

Weiterhin wurden in der Entscheidung neben einigen Ausführungsvorschriften der Straftatenkatalog des § 100 c I Nr. 3 a. F. StPO als nicht verfassungsgemäß beanstandet. Die Wohnraumüberwachung sei nur verhältnismäßig bei Straftaten, die im Höchstmaß mit einer Strafe von über 5 Jahren sind.[53]Der Gesetzgeber hat durch eine umfangreiche Neufassung der §§ 100 c, d, e StPO die Rechtslage dem Urteil des Bundesverfassungsgerichts angepasst.

Die Voraussetzungen für die Zulässigkeit einer Wohnraumüberwachung sind danach:

---

50 Meyer-Goßner, § 100 c, Rn.3.
51 vgl. BVerfGE 109, 279, Urteil vom 3. März 2004.
52 BVerfGE 109, 279.
53 BVerfGE 109, 279 (345 – 348); genaue Übersicht über die verfassungswidrigen Vorschriften: BVerfGE 109, 279 (280/281).

- Verdacht einer Katalogtat nach § 100 c II StPO (§ 100 c I, Nr.1 StPO);

- Tat wiegt auch im Einzelfall besonders schwer (§ 100 c I, Nr.2 StPO);

- begründete Erwartung, dass durch die Maßnahme ermittlungsrelevante Äußerungen erfasst werden (§ 100 c I, Nr.3 StPO);

- Subsidiaritätsklausel: Ermittlungen auf andere Weise unverhältnismäßig erschwert oder aussichtslos (§ 100 c I, Nr.4 StPO);

- keine Äußerungen aus dem Kernbereich privater Lebensgestaltung zu erwarten (§ 100 c IV StPO); falls wider Erwarten derartige Themen erfasst: sofortige Unterbrechung, Löschung der Aufzeichnungen (§ 100 c V StPO).

Beispiel: A, dessen Wohnung akustisch überwacht wird, unterhält sich mit seiner Lebensgefährtin L über allerlei Belanglosigkeiten, ehe das Thema plötzlich auf A's kürzlich verstorbenen Vater wechselt. A erzählt L, dass er noch immer sehr unter dem Verlust leide. Die Überwachung ist zu unterbrechen, da es sich um Äußerungen aus dem Kernbereich privater Lebensgestaltung handelt.

Die Vorgaben des Bundesverfassungsgerichts dürften in der Praxis zum Teil nicht ganz unerhebliche Schwierigkeiten mit sich bringen, da ein Beamter während der gesamten Aufnahme mithören muss, um gegebenenfalls reagieren zu können, falls es um allzu private Themen geht. Außerdem stellt sich die Frage, wann man die Aufzeichnung nach dem vorübergehenden Abbruch wieder fortsetzen darf.

Der „große Lauschangriff" darf sich nach § 100 c III 1 StPO nur gegen den Beschuldigten richten. Gleichwohl ist gemäß § 100 c III 2 StPO auch die Durchführung der Maßnahme in Wohnungen anderer Personen zulässig, wenn anzunehmen ist, dass sich der Beschuldigte dort aufhält und die Überwachung der Wohnung des Beschuldigten alleine nicht zur Sachverhaltserforschung oder Aufenthaltsermittlung von Mitbeschuldigten ausreicht.

Beispiel: A wird verdächtigt, seine Frau ermordet zu haben. Inzwischen hat er sich in der Wohnung seiner Jugendfreundin J einquartiert, seine eigene Bleibe sucht er kaum noch auf. Daraufhin wird nach gerichtlicher Anordnung die Wohnung von J mit Mikrofonen und Wanzen ausgestattet, um Informationen über die Tat zu gewinnen.

Die **Anordnung** der Wohnraumüberwachung erfolgt auf Antrag der Staatsanwaltschaft und obliegt gemäß **§ 100 d I StPO** der in § 74 a IV GVG genannten **Kammer des Landgerichts**. Bei Gefahr im Verzug kann sie zunächst auch durch deren Vorsitzenden getroffen werden. Sie ist dann binnen drei Werktagen von der Strafkammer zu bestätigen. Gemäß § 100 d I 4 StPO ist die Anordnung auf höchstens einen Monat zu befristen. Verlängerungen um jeweils nicht mehr als einen Monat sind nach Satz 5 und 6 zulässig.

g. Abhören außerhalb von Wohnungen (§ 100 f StPO) und Einsatz sonstiger technischer Mittel(§ 100 h StPO)

§ 100 f StPO erlaubt das Abhören und Aufzeichnen des nichtöffentlich[54] gesprochenen Wortes **außerhalb von Wohnungen**.

Beispiel: Der polizeibekannte D steht im Verdacht, mal wieder einen Raub begangen zu haben. Die Polizei weiß von einem Informanten, dass D ein Treffen mit einem Hehler an einer Bank im Stadtpark plant. In dem daneben stehenden Mülleimer und im Gebüsch werden Richtmikrofone platziert, um den Inhalt des Gesprächs mitzuhören.

Die Voraussetzungen für die Zulässigkeit von Abhörmaßnahmen nach § 100 f StPO sind:

- Katalogtat nach § 100 a II StPO, die auch im Einzelfall besonders schwer wiegt;

- Subsidiaritätsklausel: Ermittlungen auf andere Weise aussichtslos oder wesentlich erschwert, § 100 f I StPO;

- **Anordnung: Richter**, bei Gefahr im Verzug auch durch StA und deren Ermittlungspersonen, **§ 100 f IV StPO i. V. m. § 100 b I StPO.**

---

54 siehe. **C. I. 2. f.**

Maßnahmen nach § 100 f StPO gegen Nichtbeschuldigte sind unter den Voraussetzungen von § 100 f II 2, 3 StPO zulässig.

Weitere wichtige Rechtsgrundlagen für den **Einsatz technischer Mittel** sind nunmehr in § **100hStPO** (früher: § 100 f I StPO)enthalten. So ermöglicht § 100 h I, Nr.1 StPO die Herstellung von Bildaufnahmen sowie Nr.2 den Einsatz sonstiger technischer Mittel zu Observationszwecken.

Beispiel: Die Polizei filmt, wie sich der Rauschgifthändler R mit einem Unbekannten trifft und von diesem einen Koffer erhält. Anschließend fährt er mit seinem Pkw davon. Die Polizei verfolgt ihn mit Hilfe eines Peilsenders.

h. Durchsuchung, §§ 102 ff. StPO

Durchsucht werden darf ...

... beim Verdächtigen (§ 102 StPO), wenn ...	... bei anderen Personen (§103 StPO), wenn ...
- ein Anfangsverdacht für eine Straftat besteht,	- ein Anfangsverdacht für eine Straftat besteht und
- er als Täter oder Teilnehmer dieser Tat in Betracht kommt und	
- aufgrund bestimmter Tatsachen zu vermuten ist, dass bei der Durchsuchung Beweismittel gefunden werden oder der Verdächtige ergriffen wird.	- aufgrund bestimmter Tatsachen zu schließen ist, dass sich die gesuchte Person oder Beweismittel in den Räumen befinden.

Durchsucht werden können die Wohnung und andere Räume sowie Personen und die ihnen gehörenden Sachen.

Zur **Durchsuchung der Person** gehört sowohl die Durchsicht der getragenen Kleidungsstücke, als auch das Nachsehen in natürlichen Körperöffnungen, sofern diese ohne Eingriff mit medizinischen Hilfsmitteln einzusehen sind.[55]

Beispiel: Bei J werden Drogen vermutet, nachdem zwei Polizisten beobachtet haben, wie ihm eine kleine Plastiktüte zugesteckt wurde. Die Polizei durchsucht die von ihm getragene Kleidung und schaut außerdem in seiner Mundhöhle nach.

Die **Abgrenzung** der Durchsuchung einer Person gemäß § 102 StPO zu einer körperlichen Untersuchung nach **§ 81 a StPO** erfolgt nach dem Zweck der Maßnahme[56], nicht nach der Art und Weise ihrer Vornahme.[57]

Bei der Durchsuchung von Sachen kommt es trotz des Gesetzeswortlauts ("ihm gehörenden") nicht auf die Eigentumsverhältnisse, sondern auf den Gewahrsam an den Sachen an.[58]

Die **Anordnung** einer Durchsuchung hat grundsätzlich durch den **Richter** zu erfolgen; bei Gefahr im Verzug sind auch die Staatsanwaltschaft und ihre Ermittlungspersonen zur Anordnung befugt, **§ 105 I 1 StPO.**

Was die Art und Weise der Durchsuchung angeht, so ist die in § 104 StPO enthaltene Beschränkung für Hausdurchsuchungen zur Nachtzeit und die in § 106 StPO vorgesehene Hinzuziehung des Inhabers der zu durchsuchenden Räume oder Gegenstände zu beachten.

Eine Durchsuchung ist grundsätzlich darauf gerichtet, bestimmte Erkenntnisse und Beweise hinsichtlich einer verfolgten Straftat zu gewinnen. Gleichwohl kann es vorkommen, dass bei der Durchsuchung Gegenstände gefunden werden, die zwar in keiner Beziehung zu den laufenden Ermittlungen stehen, jedoch auf die Begehung einer anderen Straftat hinweisen.

---

55 Karlsruher Kommentar, § 102, Rn.10.
56 zu § 81 a StPO s. **C. I. 2. a.**
57 vgl. Meyer-Goßner, § 81 a, Rn.9.
58 Karlsruher Kommentar, § 102, Rn.11.

Beispiel: Aufgrund von Informationen aus der Szene wird vermutet, dass in der Wohnung von D erhebliche Mengen Kokain gelagert werden. Der Richter ordnet die Durchsuchung an. Drogen werden hierbei nicht gefunden, jedoch stapelweise originalverpackte DVD - Player und Laptops.

Diese **Zufallsfunde** dürfen gemäß § 108 I StPO einstweilen beschlagnahmt werden, sofern kein Beschlagnahmeverbot nach § 97 StPO besteht. In diesem Fall ist auch eine einstweilige Beschlagnahme nach § 108 I StPO unzulässig.[59]

i. Verdeckter Ermittler, § 110 a StPO

Gemäß § 110 a II 1 StPO sind verdeckte Ermittler **Beamte des Polizeidienstes**, die unter einer ihnen verliehenen, **auf Dauer** angelegten, veränderten Identität (Legende) ermitteln.

Beispiel: Der Polizist P macht als Gemüsehändler einen Stand auf dem Großmarkt auf, um so Informationen über dort vermeintlich ablaufende Drogengeschäfte zu gewinnen. Über mehrere Monate betreibt er unter seiner Legende den Betrieb.

Der Einsatz von verdeckten Ermittlern ist nach § 110 a I StPO nur in den folgenden Fällen zulässig:

- zureichende tatsächliche Anhaltspunkte für Katalogtat nach § 110 a I 1 StPO und Aufklärung auf andere Weise aussichtslos oder wesentlich erschwert;

- zur Aufklärung von Verbrechen bei Wiederholungsgefahr, soweit Aufklärung auf andere Weise aussichtslos oder wesentlich erschwert;

- zur Aufklärung von Verbrechen mit besonderer Bedeutung, wenn andere Maßnahmen aussichtslos wären.

Der Einsatz eines verdeckten Ermittlers erfordert gemäß § 110 b I StPO die Zustimmung der Staatsanwaltschaft.

---

59   Beulke, Rn.258.

Sofern es sich um Einsätze handelt, die sich gegen einen bestimmten Beschuldigten richten oder bei denen der verdeckte Ermittler eine nicht allgemein zugängliche Wohnung betritt, ist die Zustimmung des Gerichts (§ 110 b II 1 StPO) erforderlich.

Sollten bei Durchführung der verdeckten Ermittlungen zufällig Informationen erlangt werden, die in anderen Strafverfahren von Bedeutung sein können, so dürfen sie gemäß § 477 Abs.2, S.2 StPO in diesen Verfahren nur dann zu Beweiszwecken verwendet werden, wenn es sich bei der aufzuklärenden Tat um eine Katalogtat nach § 110 a I StPO handelt (früher geregelt in § 110 e StPO).

j. Einsatz von Informanten und „V-Leuten"

Abzugrenzen vom verdeckten Ermittler sind die Informanten und „V-Leute". Ein „Informant ist eine Person, die im Einzelfall bereit ist, gegen Zusicherung der Vertraulichkeit der Strafverfolgungsbehörde Informationen zu geben."[60] Eine „V-Person ist eine Person, die, ohne einer Strafverfolgungsbehörde anzugehören, bereit ist, diese bei der Aufklärung von Straftaten auf längere Zeit vertraulich zu unterstützen, und deren Identität grundsätzlich geheimgehalten wird."[61]

Beispiel: A hat gute Kontakte zur autonomen Szene. Er liefert der Polizei Informationen über geplante Aktionen und die Personalien der Beteiligten.

Für den Einsatz von Informanten und „V-Leuten" gibt es **keine spezielle Rechtsgrundlage**. Er ist jedoch von der „Ermittlungsgeneralklausel" der §§ 161 I, 163 I StPO gedeckt.[62]

Informanten und „V-Leute" dürfen jedoch nicht jemanden, der nicht tatgeneigt ist, so lange bearbeiten, bis er zum Täter wird.[63]

---

60 RiStBV, Anlage D, 2.1 (RiStBV als Anh 12 im Meyer-Goßner abgedruckt).
61 RiStBV, Anlage D, 2.2.
62 vgl. Meyer-Goßner, § 163, Rn.34 a.
63 BGH NJW 1981, 1626, Urteil vom 6. Februar 1981.

k. Vorläufige Festnahme, § 127 StPO

§ 127 I StPO gewährt **jedermann**, d. h. nicht nur Ermittlungspersonen, sondern jedem Bürger, das Recht zur vorläufigen
Festnahme, wenn jemand auf frischer Tat betroffen oderverfolgt ist
undFluchtverdacht besteht oder seine Identität nicht sofort
festgestellt werden kann. Fluchtverdacht liegt vor, wenn nach dem
Verhalten des Täters anzunehmen ist, dass sich dieser der
Strafverfolgung entzieht wird, wenn er nicht festgenommen
wird.[64]

Die Vorschrift des § 127 I StPO ist vor allem als strafrechtlicher
Rechtfertigungsgrund von Bedeutung.

Beispiel: Passant P sieht, wie der Dieb D nachts mit gerade gestohlenen
Elektrogeräten in der Hand ein Geschäft durch die Hintertür verlässt. Wie
im Fernsehen gelernt nimmt P den D sofort in den „Polizeigriff", wählt den
Notruf und hält den D bis zum Eintreffen der Beamten fest. Das Verhalten
von P (§ 239 StGB, evtl. auch § 223 StGB) ist nach § 127 I StPO gerechtfertigt.

Auch die Anwendung physischer Gewalt ist von § 127 I StPO
gedeckt, soweit sie verhältnismäßig und für die Festnahme
erforderlich ist.[65]

Umstritten ist der Fall, in dem jemand vom Vorliegen einer Straftat
ausgeht, obwohl tatsächlich keine vorliegt.

Beispiel: Passant P sieht, wie E nachts mit Elektrogeräten ein Geschäft
durch die Hintertür verlässt. P hält ihn für einen Dieb und nimmt ihn
vorläufig fest. Tatsächlich ist E der Eigentümer des Ladens, der noch die
Ware für die Auslieferung am nächsten Tag verladen wollte.

Richtigerweise liegt hier keine Rechtfertigung nach § 127 I StPO
vor, sondern vielmehr ein Erlaubnistatbestandsirrtum. Ginge man
vom Vorliegen des § 127 I StPO aus, so würde dem unschuldig
festgenommenen das Notwehrrecht entzogen, was nicht hin-
nehmbar ist.[66]

---

64 Beulke, Rn.236.
65 vgl. BGHSt 45, 378 (381), Urteil vom 10. Februar 2000.
66 so auch Tröndle/Fischer, vor § 32, Rn.7 a; Beulke, Rn. 235.

Die **Staatsanwaltschaft und die Polizeibeamten** können neben den Fällen des § 127 I StPO andere Personen bei Gefahr im Verzug gemäß **§ 127 II StPO** auch dann festnehmen, wenn die Voraussetzungen eines Haftbefehls (dringender Tatverdacht, Haftgrund)[67] oder eines Unterbringungsbefehls (§ 126 a StPO) vorliegen. Gefahr im Verzug besteht, wenn infolge der Verzögerung, die durch das Einholen eines richterlichen Haft- oder Unterbringungsbefehls eintreten würde, die Festnahme gefährdet wäre.[68]

3. Untersuchungshaft, §§ 112 ff. StPO

Der schwerwiegendste Eingriff in die Rechte des Beschuldigten ist die Untersuchungshaft. Angesichts dessen ist sie nur unter folgenden engen Voraussetzungen zulässig:

- Vorliegen eines **dringenden Tatverdacht**s, § 112 I 1 StPO,

- Bestehen eines **Haftgrund**es, §§ 112 I 1, II, III, 112 a StPO,

- **keine Unverhältnismäßigkeit** zur Bedeutung der Sache und der zu erwartenden Strafe oder Maßregel, § 112 I 2 StPO.

a. Dringender Tatverdacht

Ein dringender Tatverdacht liegt vor, wenn der Beschuldigte – ausgehend von den bisherigen Ermittlungsergebnissen[69] - **mit hoher Wahrscheinlichkeit die Tat begangen** hat **und alle Strafbarkeits- und Strafverfolgungsvoraussetzungen vorliegen.**[70]

Beispiel: Aufgrund der Fortschritte in der DNA-Analyse kann V eine vor dreißig Jahren begangene Vergewaltigung nun nachgewiesen werden. Trotz der Gewissheit, dass V der Täter ist, kann keine Untersuchungshaft angeordnet werden, da die Tat aufgrund von Verjährung nicht mehr verfolgt werden kann.

---

67 s. **C. I. 3.**
68 Meyer-Goßner, § 127, Rn.19.
69 Volk, § 10, Rn.7.
70 Roxin, § 30, Rn.6.

b. Haftgrund

Weiterhin muss einer der folgenden Haftgründe nach §§ 112 II, III, 112 a StPO vorliegen:

- Flucht (112 II Nr.1 StPO)

Der Beschuldigte ist flüchtig oder hält sich verborgen.

- Fluchtgefahr (§ 112 II Nr.2 StPO)

Nach Würdigung der Umstände des Einzelfalles muss die Gefahr bestehen, dass der Beschuldigte sich dem Strafverfahren entziehen wird. Vermutungen alleine genügen nicht, vielmehr bedarf es konkreter Tatsachen, die nachvollziehbar eine solche Gefahr belegen.[71]

Beispiel: Der arbeitslose A ist mehrerer Raubtaten dringend verdächtig. Angesichts seiner Voreintragungen droht ihm nun eine längere Freiheitsstrafe. Er ist ohne festen Wohnsitz und hat auch keine familiären Bindungen. Die Gesamtwürdigung der Tatsachen ergibt, dass hier die Gefahr besteht, das A versuchen wird, sich dem Strafverfahren zu entziehen. Daher besteht der Haftgrund der Fluchtgefahr.

Zu beachten ist, dass alleine die Erwartung einer hohen Freiheitsstrafe nicht geeignet ist, Fluchtgefahr zu begründen.[72]

- Verdunkelungsgefahr (§ 112 II Nr.3 StPO)

Verdunkelungsgefahr besteht gemäß § 112 II Nr.3 StPO wenn das Verhalten des Beschuldigten den dringenden Verdacht begründet, er werde Beweismittel vernichten, verändern, beiseite schaffen, unterdrücken oder fälschen oder in unlauterer Weise auf Mitbeschuldigte, Zeugen oder Sachverständige einwirken oder andere zu solchem Verhalten veranlassen.

Beispiel: Gegen G, den Geschäftsführer einer Versandfirma, wird wegen gewerbsmäßigen Betruges ermittelt. Bei Eintreffen der Polizei qualmt der Schornstein des Kamins heftig. Die Beamten stellen fest, dass die Aktenschränke schon halb leer sind und sich in der Nähe des Kamins verbrannte Papierreste finden. Es besteht hier der dringende Verdacht, dass G Akten, also Beweismittel, vernichtet hat und dies auch in Zukunft tun wird, sofern er nicht durch die Untersuchungshaft daran gehindert wird.

---

71 Beulke, Rn.212.
72 OLG Hamm StV 2001, 115, Beschluss vom 28. Januar 2000.

- Verdacht eines Kapitaldelikts (§ 112 III StPO)

Nach dem Wortlaut von § 112 III StPO darf die Untersuchungshaft gegen einen Beschuldigten, der einer der aufgezählten Katalogtaten hinreichend verdächtig ist, auch angeordnet werden, wenn ein Haftgrund nach § 112 II StPO nicht besteht.

Das Bundesverfassungsgericht hat jedoch entschieden, dass die Norm **verfassungskonform** dahingehend **auszulegen** ist, dass die Untersuchungshaft nach § 112 III StPO nur angeordnet werden darf, wenn Flucht- oder Verdunkelungsgefahr besteht, wobei aber an den Nachweis des Haftgrundes geringere Anforderungen zu stellen sind, als i. R. d. § 112 II StPO.[73]

- Wiederholungsgefahr (§ 112 a StPO)

Gemäß § 112 a StPO besteht außerdem ein Haftgrund, wenn bestimmte Tatsachen den Verdacht begründen, dass der Beschuldigte, der einer der aufgezählten Katalogtaten hinreichend verdächtig ist, vor Aburteilung der Tat weitere gleichartige Taten begehen oder die Straftat fortsetzen werde. Außerdem muss die Untersuchungshaft zur Abwendung dieser Gefahr erforderlich sein.

c. Keine Unverhältnismäßigkeit

Schließlich darf die Untersuchungshaft zur Bedeutung der Sache und der zu erwartenden Strafe bzw. Maßregel nicht außer Verhältnis stehen. Die feststehende Unverhältnismäßigkeit stellt einen Haftausschließungsgrund dar.[74] Die in § 113 StPO geregelte Einschränkung der Untersuchungshaft für den Bereich der Kleinkriminalität beinhaltet eine gesetzliche Konkretisierung des Verhältnismäßigkeitsgrundsatzes.[75]

---

73 BVerfGE 19, 342 (350), Beschluss vom 15. Dezember 1965.
74 Beulke, Rn. 216.
75 Beulke, Rn. 216.

d. Anordnungszuständigkeit

Bereits aus **Art.104 II, S.1 GG** ergibt sich, dass über die Zulässigkeit einer Freiheitsentziehung nur der **Richter** zu entscheiden hat. Dementsprechend regelt **§ 114 I StPO**, dass die Untersuchungshaft durch einen schriftlichen Haftbefehl des Richters angeordnet wird. Der notwendige Inhalt des Haftbefehls ist in § 114 II StPO geregelt.

Vor Klageerhebung ergeht ein Haftbefehl gemäß **§ 125 I StPO** grundsätzlich nur auf **Antrag der Staatsanwaltschaft**. Lediglich wenn ein Staatsanwalt nicht zu erreichen ist – was praktisch selten vorkommen dürfte – kann bei Gefahr im Verzug ein Haftbefehl von Amts wegen erlassen werden.

Aufgrund einer Gesetzesänderung ist nunmehr gemäß § 140 Abs.1, Nr.4 StPO die Beiordnung eines Pflichtverteidigers erforderlich, wenn gegen einen Beschuldigten Untersuchungshaft nach §§ 112, 112 a StPO (oder einstweilige Unterbringung nach § 126 a StPO) vollstreckt wird.

e. Rechtsschutz gegen einen Haftbefehl

Gegen einen Haftbefehl ist zum einen die **Beschwerde** nach **§§ 304 ff. StPO** zulässig (sog. Haftbeschwerde).[76] Eine ablehnende Entscheidung des Beschwerdegerichts kann mit der weiteren Beschwerde nach § 310 StPO angegriffen werden.

Eine weitere Rechtsschutzmöglichkeit ist die gerichtliche **Haftprüfung** nach **§ 117 StPO**. Sie kann von dem Beschuldigten während der Untersuchungshaft jederzeit beantragt werden. Gemäß § 117 II, S.1 StPO ist die Beschwerde nach §§ 304 ff. StPO neben dem Antrag auf Haftprüfung unzulässig. Sie ist insofern subsidiär.[77] Nach § 117 II, S.2 StPO ist jedoch gegen die Haftprüfungsentscheidung wiederum die Beschwerde zulässig.
Über den Haftprüfungsantrag entscheidet gemäß § 126 I StPO das Gericht, das den Haftbefehl erlassen hat. Es entsteht also kein Devolutiveffekt.[78]

---

76 zu den Voraussetzungen einer Beschwerde: siehe **C. IV. 4.**
77 Beulke, Rn.223.
78 Hierzu siehe **C. IV.**

f. Aufhebung des Haftbefehls

Der Haftbefehl ist gemäß § 120 I StPO aufzuheben, wenn die Voraussetzungen der Untersuchungshaft nicht mehr vorliegen oder die weitere Untersuchungshaft unverhältnismäßig wäre, außerdem auch wenn die Staatsanwaltschaft dies vor Klageerhebung beantragt (§ 120 III StPO).

Nach § 121 StPO ist der Haftbefehl außerdem aufzuheben, wenn die Untersuchungshaft wegen derselben Tat bereits sechs Monate andauert und keine gesetzliche Ausnahme eingreift, die eine Fortdauer gestattet.

4. Vernehmung des Beschuldigten, §§ 133 ff. StPO

Gemäß § 163 a StPO ist der Beschuldigte[79] vor dem Abschluss der Ermittlungen zu vernehmen, es sei denn, das Verfahren wird eingestellt.

Geregelt ist die Vernehmung des Beschuldigten in §§ 133 – 136 a StPO, wobei zu beachten ist, das diese Vorschriften direkt nur für die richterliche Vernehmung gelten.

Über die Verweisungen in § 163 a III bzw. IV StPO finden sie jedoch auch auf die staatsanwaltschaftliche und die polizeiliche Vernehmung Anwendung.

a. Begriff und Ablauf der Vernehmung

> Eine **Vernehmung** ist die von einem Staatsorgan in amtlicher Funktion durchgeführte Befragung mit dem Ziel der Gewinnung einer Aussage.[80]

Demgegenüber handelt es sich nicht um eine Vernehmung, wenn die Frageperson nach außen hin nicht in der Ausübung amtlicher Befugnisse handelt, etwa, wenn ein Privater im Auftrag der Polizei

---

79 vgl. **B. I.**
80 BGHSt GrS 42, 139 (145), Beschluss vom 13. Mai 1996.

ermittelt.[81]

Der Beschuldigte ist auf eine Ladung hin verpflichtet, zur Vernehmung vor dem Ermittlungsrichter (§ 133 StPO) und der Staatsanwaltschaft (§ 163 a III, S.1 StPO) zu erscheinen, und zwar auch dann, wenn er bereits vorher bekundet hat, nicht zur Sache aussagen zu wollen.[82]

Zur Vernehmung bei der Polizei muss der Beschuldigte demgegenüber nicht erscheinen.[83]

Gemäß § 168 c I StPO (i. V. m. § 163 a III 2 StPO für die staatsanwaltliche Vernehmung) hat der Beschuldigte das Recht, bei der Vernehmung seinen Verteidiger hinzuzuziehen.

Sofern nach obiger Definition vom Vorliegen einer Vernehmungssituation auszugehen ist, ist wie folgt zu verfahren:[84]

- Dem Beschuldigten ist mitzuteilen, welche Tat ihm zur Last gelegt wird und welche Strafvorschriften in Betracht kommen, § 136 I 1 StPO;

- Er ist auf sein Aussageverweigerungsrecht und auf das Recht, einen Verteidiger hinzuzuziehen, hinzuweisen, § 136 I 2 StPO;

- Außerdem ist er zu belehren, dass er zu seiner Entlastung Beweiserhebungen beantragen kann, § 136 I 3 StPO;

- anschl. Befragung zur Person und zur Sache (§ 136 II StPO!).

---

81 Beulke, Rn.115.
82 Volk, § 9, Rn.36.
83 Volk, § 9, Rn.36.
84 vgl. Beulke, Rn.116.

b. Verbotene Vernehmungsmethoden, § 136 a StPO

Gemäß § 136 a StPO (für Staatsanwaltschaft und Polizei i. V. m. § 163 a III, IV) ist ein Einwirken auf die Willensfreiheit des Beschuldigten durch verbotene Vernehmungsmethoden verboten. Im Einzelnen untersagt ist:

- die Misshandlung des Beschuldigten,

- die Ermüdung,

- die Verabreichung von (berauschenden, betäubenden) Mitteln,

- die Quälerei,

- die Täuschung,

- die Anwendung von Hypnose,

-die Drohung mit einer unzulässigen Maßnahme,

-das Versprechen eines gesetzlich nicht vorgesehenen Vorteils.

Beispiel: Der Beschuldigte B, wird nach einer durchzechten Nacht wegen einer Kneipenschlägerei mit tödlichem Ausgang am nächsten Morgen für mehrere Stunden vernommen. Er ist noch erheblich angetrunken. Der vernehmende Richter lässt dem B einen Kaffee verabreichen, um ihn „wach zu kriegen". Die Zuführung von Stoffen, die der Stärkung oder Erfrischung dienen, ist grundsätzlich nicht untersagt.[85] Somit verstößt die Verabreichung der Tasse Kaffee nicht gegen § 136 a StPO. Jedoch befand sich B aufgrund seines vorherigen erheblichen Alkoholkonsums noch in einem berauschten Zustand. Auch wenn der Beschuldigte die berauschenden Mittel selbst zu sich genommen hat, so führt dies zu einer Unzulässigkeit der Vernehmung.[86] Ob hier außerdem eine unzulässige Ermüdung vorliegt, ist letztlich davon abhängig, inwieweit die Willensfreiheit des B durch den fehlenden Schlaf bereits beeinträchtigt ist. Von einer unzulässigen Beeinträchtigung ist jedenfalls dann auszugehen, wenn der Beschuldigte in den letzten 30 Stunden nicht geschlafen hat.[87]

---

85   Meyer-Goßner, § 136 a, Rn.10.
86   LG Marburg, StV 1993, 238, Urteil vom 15. Januar 1993.
87   vgl. BGHSt 13, 60 (61), Urteil vom 24. März 1959.

Beispiel: Der Beschuldigte B wird verdächtigt, gemeinsam mit C einen Supermarkt überfallen zu haben. Der vernehmende Staatsanwalt teilt B wahrheitswidrig mit, C habe die Tat bereits gestanden. Es liegt in diesem Fall ein bewusstes Vorspiegeln von falschen Tatsachen und mithin eine Täuschung vor.[88]

Die unzulässige Täuschung ist von der – zulässigen – List abzugrenzen, wobei die Grenzen schwierig zu ziehen sind. Der Vernehmende muss jedenfalls nicht alles sagen was er weiß, da ein Verschweigen keine Täuschung darstellt.[89] Auch sind doppeldeutige Erklärungen und Fangfragen erlaubt.[90]

Die Folgen eines Verstoßes gegen § 136 a StPO werden später im Bereich der Beweisverwertungsverbote erläutert.

5. Vernehmung von Zeugen und Sachverständigen

Zeugen und Sachverständige sind gemäß § 161 a StPO verpflichtet, während des Ermittlungsverfahrens auf Ladung bei der Staatsanwaltschaft zu erscheinen und Angaben zur Sache zu machen.

Über die Verweisung in § 161 a I 2 StPO finden die §§ 48 ff. bzw. 72 ff. StPO entsprechende Anwendung. § 69 III StPO verweist außerdem auf § 136 a StPO und erklärt diesen ebenfalls für die Zeugenvernehmung für entsprechend anwendbar.

Die nähere Erläuterung der Vorschriften, insbesondere der Zeugnis- und Auskunftsverweigerungsrechte, erfolgt im Bereich der Hauptverhandlung, da diesbezügliche Probleme in Klausuren und Hausarbeiten üblicherweise dort angesiedelt sind.

---

88 vgl. Beulke, Rn. 135.
89 BGHSt 33, 217 (223), Urteil vom 9. Mai 1985.
90 Volk, § 9, Rn. 15.

6. Abschluss des Ermittlungsverfahrens

Die Staatsanwaltschaft schließt das Ermittlungsverfahren ab, wenn der Sachverhalt soweit geklärt ist, dass sie entscheiden kann, ob Anklage zu erheben ist oder nicht.[91]

a. Anklageerhebung, § 170 I StPO

Gemäß § 170 I StPO erhebt die Staatsanwaltschaft Anklage, wenn die Ermittlungen genügenden Anlass dazu geben. Wann dies der Fall ist, lässt sich § 203 StPO entnehmen. Dieser regelt, dass das Gericht das Hauptverfahren eröffnet, wenn hinreichender Tatverdacht besteht.

Demzufolge erhebt die Staatsanwaltschaft auch nur dann Anklage, wenn ein **hinreichender Tatverdacht** gegeben ist, da ansonsten ohnehin keine Aussicht auf eine Eröffnung des Hauptverfahrens besteht.

Von einem hinreichenden Tatverdacht ist auszugehen, wenn eine **Verurteilung desBeschuldigten wahrscheinlich**, d. h. wahrscheinlicher als ein Freispruch, ist.[92]

Beispiel: In einem Haus wurde eingebrochen. Der Beschuldigte B wurde von einem Zeugen gesehen, als er gerade ein Fenster aufhebelte. Im Haus wurden außerdem Fingerabdrücke von B gefunden. Die Staatsanwaltschaft erhebt Anklage.

Ab Erhebung der Anklage wird der Beschuldigte als **Angeschuldigter** bezeichnet. **Angeklagter** ist der Beschuldigte oder Angeschuldigte, gegen den die Eröffnung des Hauptverfahrens beschlossen ist, vgl. § 157 StPO (lesen, wird gerne im Mündlichen gefragt!).

---

91 Brodag, Rn.158.
92 Solbach, JA 1995, 964 (970).

44

b. Strafbefehlsverfahren, §§ 407 ff. StPO

Die öffentliche Klage wird gemäß § 407 I 4 StPO auch durch den Antrag auf Erlass eines Strafbefehls erhoben.

Ein Strafbefehlsantrag ist.....

.....zulässig	.....nicht zulässig
- **bei Vergehen** vor dem Strafrichter und dem Schöffengericht, § 407 I StPO;	- **bei Verbrechen**; - ab Strafkammer aufwärts;
- gegen Heranwachsende und Erwachsene;	- **gegen Jugendliche**, § 79 I JGG;
- wenn als Rechtsfolgen nur Geldstrafe und Nebenfolgen oder Freiheitsstrafe bis zu einem Jahr auf Bewährung (sofern Angeschuldigter einen Verteidiger hat) festgesetzt werden, § 407 II StPO.	- bei Freiheitsstrafe über einem Jahr (auch zur Bewährung), Unterbringung oder Sicherheitsverwahrung.

Über den Erlass des Strafbefehls entscheidet der zuständige Richter – ohne mündliche Verhandlung (§ 407 I 1 StPO) - nach § 408 StPO.

Gegen einen erlassenen Strafbefehl kann der Angeklagte gemäß § 410 StPO binnen zwei Wochen nach Zustellung Einspruch einlegen. Sofern der Einspruch zulässig ist, wird ein Termin zur Hauptverhandlung anberaumt, § 411 I 2 StPO.

c. Einstellung des Verfahrens, § 170 II StPO

Fehlt es an einem hinreichenden Tatverdacht, so stellt die Staatsanwaltschaft das Verfahren gemäß § 170 II StPO ein.

Beispiel: Der Beschuldigte B wurde von einem Zeugen beobachtet, wie er mit einem Bolzenschneider ein Fahrradschloss öffnete und mit dem Rad davonfuhr. Im Verlauf der Ermittlungen stellte sich jedoch heraus, dass es sich um B' s Fahrrad handelte. Er hatte lediglich seinen Schlüssel verloren. Die Staatsanwaltschaft stellt daraufhin das Verfahren ein, da keine Straftat vorliegt.

Gemäß **§ 171 StPO** erhält der Anzeigeerstatter einen **Einstellungsbescheid**, wenn die Anzeige mit dem erkennbaren Willen eingereicht wurde, die Strafverfolgung zu veranlassen.[93]

Sofern er zugleich der durch die Straftat Verletzte ist, kann er **unter den Voraussetzungen des§ 172 StPO** ein **Klageerzwingungsverfahren** anstrengen. Zunächst steht dem Verletzten gegen den Einstellungsbescheid die Beschwerde an den vorgesetzten Beamten der Staatsanwaltschaft nach § 172 I StPO zu. Gegen den ablehnenden Bescheid des vorgesetzten Beamten der Staatsanwaltschaft kann er dann wiederum nach § 172 II StPO die gerichtliche Entscheidung beantragen. Diese obliegt gemäß § 172 IV StPO dem Oberlandesgericht.

Sofern es sich um ein Verfahren handelt, welches ausschließlich ein Privatklagedelikt zum Gegenstand hat oder wenn die Staatsanwaltschaft nach §§ 153 I, 153 a I 1, 7, 153 b I, 153 c bis 154 I, 154 b, 154 c StPO von der Verfolgung der Tat abgesehen hat, so ist ein Klageerzwingungsverfahren gemäß **§ 172 II 3 StPO** nicht zulässig.

d. Einstellung aus Opportunitätsgründen

Auch bei hinreichendem Tatverdacht kann die Staatsanwaltschaft gemäß §§ 153 ff. StPO – teilweise unter Zustimmung des zuständigen Gerichts - von der Verfolgung der genannten Taten absehen und das Verfahren einstellen.[94] Dies ist vor allem in folgenden Fällen möglich:

- bei Geringfügigkeit, § 153 StPO;

- gegen Erfüllung von Auflagen und Weisungen, § 153 a StPO;

- bei unwesentlichen Nebenstraftaten, § 154 StPO.

---

93   vgl. Meyer-Goßner, § 171, Rn.1.
94   vgl. **B. IV.**

II. Zwischenverfahren

Kommt die Staatsanwaltschaft zu dem Ergebnis, dass die Voraussetzungen für eine Anklage vorliegen, so beantragt sie beim zuständigen Gericht[95] gemäß § 199 II StPO in einer Anklageschrift unter Vorlage der Akten die Eröffnung des Hauptverfahrens.

Die **Anklageschrift** muss nach **§ 200 StPO** enthalten:

- den Angeschuldigten,

- die zur Last gelegte Tat,

- Zeit und Ort der Begehung,

- die Merkmale der Straftat,

- die anzuwendenden Vorschriften; außerdem:

- die Beweismittel,

- das Gericht vor dem die Hauptverhandlung stattfinden soll,

- den Verteidiger,

- (das wesentliche Ergebnis der Ermittlungen, § 200 II StPO),

- den **Antrag, das Hauptverfahren zu eröffnen** (§199 II StPO).

Gegenstand der Anklage ist die **Tat im prozessualen Sinne,**[96]d. h. ein einheitlicher geschichtlicher Lebensvorgang innerhalb dessen der Täter (zumindest) einen Straftatbestand verwirklicht hat.[97] Die prozessuale Tat ist zu unterscheiden von der Tat im materiellrechtlichen Sinne. Auch bei Tatmehrheit i. S. d. § 53 StGB **kann** es vorkommen, dass in prozessualer Hinsicht nur eine Tat vorliegt.

---

95   zu den Zuständigkeiten vgl. **C. III. 1.**
96   vgl. Meyer-Goßner, § 200, Rn. 7.
97   Brodag, Rn. 62.

Beispiel: A fährt betrunken mit seinem Pkw und verursacht einen Unfall mit Sachschaden. Da er seinen Führerschein nicht verlieren will, flüchtet er vom Unfallort. In materiellrechtlicher Hinsicht steht die Straßenverkehrsgefährdung nach § 315c StGB in Tatmehrheit (§ 53 StGB) zu dem anschließenden unerlaubten Entfernen vom Unfallort gemäß § 142 StGB (und der erneuten Trunkenheitsfahrt, § 316 StGB).[98]Prozessual liegt jedoch nur eine Tat vor, da es sich um einen einheitlichen geschichtlichen Lebensvorgang handelt.

1. Eröffnung des Hauptverfahrens, § 203 StPO

Auf der Grundlage des Sachverhalts, der sich aus der Anklageschrift ergibt, entscheidet das Gericht nun über das weitere Vorgehen. Sofern ein **hinreichender Tatverdacht** gegen den Angeschuldigten besteht, beschließt das Gericht gemäß **§ 203StPO** die Eröffnung des Hauptverfahrens. Dabei kann es die Anklage nach § 207 II StPO auch unter Änderungen zulassen.

Beispiel: Die Staatsanwaltschaft hat A wegen Diebstahls angeklagt. Das Gericht eröffnet das Verfahren „nur" wegen Unterschlagung, da es nach Lage der Akten davon ausgeht, dass es an einer Wegnahme fehlt.

Demgegenüber kann das Gericht das Verfahren von sich aus weder auf eine andere Tat im prozessualen Sinne, die nicht Gegenstand der Anklage ist, noch auf einen weiteren Angeklagten, erstrecken.[99]Dies ist eine Folge des Akkusationsprinzips.

Beispiel: A ist angeklagt, am 05.01.2012 im Kaufhaus eine Jeans gestohlen zu haben. Aus den Akten ergeben sich Hinweise auf einen weiteren Diebstahl am 13.01.2012. Dieser wurde von der Staatsanwaltschaft jedoch nicht angeklagt. Das Gericht kann bezüglich dieser Tat das Hauptverfahren nicht eröffnen.

---

98   vgl. BGHSt 21, 203, Urteil vom 17. Februar 1967.
99   Meyer-Goßner, § 207, Rn.2.

48

Das Gericht hat bei der Entscheidung, ob das Hauptverfahren zu eröffnen ist, auch zu prüfen, ob die Prozessvoraussetzungen vorliegen[100], da bei Fehlen von Prozessvoraussetzungen eine Verurteilung von vornherein nicht möglich ist. In diesem Fall läge somit auch kein hinreichender Tatverdacht vor.

Prozessvoraussetzungen sind[101]:

- Gerichtsbarkeit (deutsche Gerichtsbarkeit/Strafgerichtsbarkeit);

- sachliche Zuständigkeit (bei Unzuständigkeit § 209 StPO!);

- keine Immunität, vgl. Art.46 II GG;

- Strafmündigkeit, § 19 StGB;

- Beschuldigter nicht verstorben;

- keine (dauerhafte) Verhandlungsunfähigkeit;

- keine Verjährung, § 78 StGB;

- Strafantrag (sofern es sich um ein Antragsdelikt handelt);

- kein Strafklageverbrauch, vgl. Art.103 III GG;

- keine anderweitige Rechtshängigkeit;

- wirksame Anklage.

Beschließt das Gericht die Eröffnung des Hauptverfahrens, so kann der Eröffnungsbeschluss von dem Angeklagten nicht angefochten werden, § 210 I StPO.

2. Ablehnung der Eröffnung, § 204 StPO

Das Gericht lehnt die Eröffnung des Hauptverfahrens demgegenüber nach § 204 StPO ab, wenn ein Verfahrenshindernis

---

100 Das Vorliegen der Prozessvoraussetzungen wird auch im weiteren Verlauf des Verfahrens von Amts wegen geprüft.
101 näheres vgl. Volk, § 14, Rn.11 ff.

besteht, wenn aus rechtlichen Gründen eine Verurteilung ausscheidet oder wenn es an einem hinreichenden Tatverdacht fehlt, so dass aus tatsächlichen Gründen nicht mit einer Verurteilung zu rechnen ist.[102]

Beispiel: A, der von B beleidigt wurde, hat keinen Strafantrag gestellt. Da die Beleidigung gemäß § 194 StGB nur auf Antrag verfolgt wird, besteht ein Verfahrenshindernis. Das Hauptverfahren wird nicht eröffnet.

Beispiel: T wird eine gefährliche Körperverletzung gegenüber U vorgeworfen. Aus der Anklageschrift ergibt sich, dass T den U mit einem Stock ins Gesicht geschlagen hat. Allerdings geht auch daraus hervor, dass U den T zuvor mit einem Messer angegriffen hatte und T den Stock nur ergriff, um sich zu schützen. Da T somit nach § 32 StGB in Notwehr handelte, scheidet eine Verurteilung aus rechtlichen Gründen aus. Das Gericht lehnt die Eröffnung des Hauptverfahrens ab.

Beispiel: Der vorbestrafte X wird wegen Diebstahls eines Autos angeklagt. X wurde von Y in etwa zur Tatzeit in der Nähe des Tatorts gesehen. Weitere Hinweise gibt es nicht. Daher ist eine Verurteilung des X unwahrscheinlich, es besteht kein hinreichender Tatverdacht.

Der Staatsanwaltschaft steht gegen einen Ablehnungsbeschluss gemäß § 210 II StPO die sofortige Beschwerde zu.

3. Vorläufige Einstellung, § 205 StPO

Das Verfahren kann nach § 205 StPO (vor Anklageerhebung: § 154 f StPO) vorläufig eingestellt werden, wenn der Angeschuldigte aufgrund von Abwesenheit oder sonstigen in seiner Person liegenden Gründen für längere Zeit für die Hauptverhandlung verhindert ist.

Beispiel: Nach einem Suizidversuch liegt der Angeschuldigte A im Koma und ist für absehbare Zeit nicht verhandlungsfähig.

Seinem Wortlaut nach gilt § 205 StPO nur bei Verhinderung des Angeschuldigten. Bei Verhinderung von Zeugen ist er analog anzuwenden (str.).[103]

Beispiel: Das Opfer eines Raubes, dass den Täter vor Gericht identifizieren soll, ist schwer verletzt und nicht vernehmungsfähig.

---

102 Volk, § 16, Rn.18.
103 vgl. Meyer-Goßner, § 205, Rn.8.

4. Einstellung aus Opportunitätsgründen

Außerdem kommt auch im Zwischenverfahren eine Einstellung aus Opportunitätsgründen gemäß §§ 153 ff. StPO in Betracht.

III. Hauptverfahren

Sofern das Gericht die Eröffnung des Hauptverfahrens beschlossen hat, folgt nach Durchführung der vorbereitenden Maßnahmen (Terminsbestimmung, Erstellen und Zustellen der Ladungen, Herbeischaffen von Beweismitteln, etc., §§ 213 ff. StPO) die Hauptverhandlung vor dem erkennenden Gericht.

Gang der Hauptverhandlung - Überblick

- Aufruf zur Sache, § 243 I 1 StPO;

- Feststellung der Anwesenheit der Geladenen, § 243 I 2 StPO;

- Identitätskontrolle des Angeklagten, Vernehmung zur Person, § 243 II 2 StPO;

- Verlesung des Anklagesatzes, § 243 III 1 StPO;

- Protokollierung evtl. Verständigungen nach § 257 c StPO (s. 8), § 243 IV StPO)

- Belehrung des Angeklagten über seine Rechte, § 243 V (früher IV) StPO;

- Vernehmung zur Sache und Beweisaufnahme, §§ 243 V 2 (früher IV 2), 244 StPO;

- Plädoyers und Schlusswort des Angeklagten, § 258 I, II StPO;

- Urteil und Rechtsmittelbelehrung, § 260 StPO.

Im Folgenden sollen die Themen, die häufig Gegenstand von Klausuren und Hausarbeiten sind, näher erläutert werden. Zur Veranschaulichung des Ablaufs der Hauptverhandlung – und möglicher Fehler, die während dieser auftreten können – dient dieser

Fall: A wird wegen Mordes an dem Gastwirt G vor dem Landgericht Hildesheim angeklagt.Ihm wird vorgeworfen, sein Opfer in dessen Kneipe in Hildesheim erschlagen zu haben.Der vorsitzende Richter R war mit G jahrelang gut befreundet. Dies weiß auch A's Strafverteidiger V und lehnt daher gleich nach dem Aufruf zur Sache eine Mitwirkung des R wegen Besorgnis der Befangenheit ab. R meint daraufhin nur, er könne „Berufliches und Privates sehr wohl voneinander trennen".

Er lässt den Einwand des Verteidigers protokollieren und kümmert sich anschließend nicht weiter darum. Nach der Feststellung der Anwesenheit aller Beteiligten und der Vernehmung von A zu seiner Person, wird die Anklageschrift verlesen. Der monotone Vortrag des Staatsanwalts S langweilt R so sehr, dass er bereits nach wenigen Minuten tief schläft. Nach einer knappen halben Stunde ist S fertig. R wird von dem beisitzenden Richter B 1 durch einen leichten Stoß in die Rippen geweckt. Allerdings ist er noch nicht wieder richtig bei der Sache und vergisst, den A über seine Rechte zu belehren.

A führt danach aus, wie der fragliche Abend aus seiner Sicht ablief. Er sei „bereits um Mitternacht aus der Kneipe abgehauen und danach auch nicht mehr wiedergekommen." Verteidiger V meint, dies könnten auch andere Gäste bestätigen. Er beantragt daher, „die Gäste der Kneipe ausfindig zu machen, um sie als Zeugen zu befragen." R lehnt dies mit dem Hinweis, es sei nicht seine Aufgabe, nach den Gästen zu suchen, ab.

Anschließend wird E, die Ex-Frau des Angeklagten, vernommen. Sie wird darauf hingewiesen, dass sie vor Gericht die Wahrheit zu sagen hat, dass sie vereidigt werden kann und dass die eidliche und uneidliche Falschaussage strafbar ist. Daraufhin erzählt E auf Anfrage des Vorsitzenden, ob sich A in der fraglichen Zeit bei ihr gemeldet habe, dass A sie in der Tatnacht um zwei Uhr morgens angerufen habe. Er habe erklärt, er wolle „noch weiter mit G in dessen Kneipe saufen" und könne deswegen nicht wie abgesprochen am nächsten Morgen auf das gemeinsame Kind aufpassen.

Nach Beendigung der Beweisaufnahme halten Staatsanwalt S und Verteidiger V ihre Plädoyers. Danach erteilt R dem A das letzte Wort, bereut dies aber schon kurz darauf. A kommt aus dem Reden gar nicht mehr raus. Nach zehn Minuten wird es R zu viel. Er unterbricht A, meint, er habe „nicht ewig Zeit" und zieht sich mit seiner Kammer zur Beratung zurück. Kann ein verfahrensfehlerfreies Urteil ergehen?

1. Zuständigkeit und Besetzung der Gerichte

Vor welchem Gericht die Hauptverhandlung stattfindet, hängt von der sachlichen und örtlichen Zuständigkeit ab. Die **örtliche Zuständigkeit** ergibt sich aus den **§§ 7 ff. StPO**.

Die Hauptgerichtsstände sind:

> - Gerichtsstand des Tatortes, § 7 I StPO;
>
> - Gerichtsstand des Wohnsitzes, § 8 I StPO;
>
> - Gerichtsstand des Ergreifungsortes, § 9 StPO.

Sofern mehrere Gerichte nach §§ 7 ff. StPO örtlich zuständig sind, kann die Staatsanwaltschaft wählen, zu welchem Gericht sie anklagt, wobei sie durch ihre Entscheidung das zuständige Gericht bestimmt.[104]

Zum Fall: G wurde in Hildesheim erschlagen. Beim Landgericht Hildesheim ist also nach § 7 I StPO ein Gerichtsstand eröffnet.

Die **sachliche Zuständigkeit** ist – ebenso wie die Besetzung der Gerichte - im **GVG** geregelt und soll für die erste Instanz[105] anhand folgender Tabelle veranschaulicht werden[106]:

---

104 Meyer-Goßner, vor § 7, Rn.10.
105 für die Instanzenzüge siehe **C. IV.**
106 Eine detaillierte Übersicht bietet auch die Darstellung von Kindhäuser, S.154 / 155.

Gericht	AG	LG	OLG
Zuständigkeit	Keine höhere Strafe als vier Jahre sowie keine Unterbringung in psychiatr. Krankenhaus bzw. Sicherheitsverwahrung zu erwarten und keine besondere Zuständigkeit von LG / OLG; **§ 24 GVG.**	Höhere Strafe als vier Jahre oder Unterbringung inpsychiatr. Krankenhaus bzw. Sicherheitsverwahrung zu erwarten; **§ 74GVG.**	Für bestimmte Staatsschutzdelikte und bei aufgezählten Delikten mit internationalem Bezug; **§ 120 GVG.**
Besetzung	Strafrichter als **Einzelrichter** bei Vergehen, sofern keine höhere Strafe als zwei Jahre zu erwarten oder Privatklage, **§ 25 GVG;** ansonsten: **Schöffengericht**, d. h. ein Berufsrichter als Vorsitzender und zwei Schöffen (Laienrichter), **§§ 28, 29 GVG.**	**Große Strafkammer** mit drei Richtern einschl. des Vorsitzenden und zwei Schöffen, **§ 76 I GVG** (Reduzierung auf zwei Richter und zwei Schöffen unter den Vorauss. des § 76 II GVG); Verhandlung als **Schwurgericht**, wenn Verbrechen nach **§ 74 II GVG**(hier stets 3 Berufsr. + 2 Schöffen).	**Strafsenat** mit fünf Richtern einschließlich des Vorsitzenden entscheidet über Eröffnung des Hauptverfahrens und beschließt, dass Senat in der Hauptverhandlung mit drei Richtern einschl. des Vorsitzenden besetzt ist, sofern nicht Mitwirkung aller Richter notwendig, **§ 122 II GVG.**

54

Gemäß § 226 I StPO findet die Hauptverhandlung in ununter-
brochener Gegenwart der zur Urteilsfindung berufenen Personen
statt. Es ist nicht nur körperliche, sondern auch geistige Anwesenheit erforderlich, d. h. wer während der Hauptverhandlung
schläft, gilt als abwesend. [107]

2. Verhandlungsprotokoll, §§ 271 ff. StPO

§ 271 StPO schreibt vor, dass über die Hauptverhandlung ein
Protokoll anzufertigen ist. Gemäß § 272 StPO sind in dieses Ort
und Datum der Verhandlung, die Namen der Verfahrensbeteiligten, die angeklagte Straftat und die Angabe, ob öffentlich
oder nicht öffentlich verhandelt wird, aufzunehmen.

Weiterhin muss das Protokoll nach § 273 StPO den Gang und die
Ergebnisse der Hauptverhandlung im wesentlichen wiedergeben,
die Einhaltung aller wesentlichen Förmlichkeiten ersichtlich
machen sowie die Bezeichnung der verlesenen Schriftstücke,die
im Laufe der Verhandlung gestellten Anträge, die ergangenen
Entscheidungen und die Urteilsformel enthalten.

Zu beachten ist § 274 StPO, wonach die Beobachtung der für das
Hauptverfahren vorgeschriebenen Förmlichkeiten nur durch das
Protokoll bewiesen werden kann. Der Inhalt des Protokolls ist also
grundsätzlich als richtig anzusehen. Sofern wesentliche Förmlichkeiten im Protokoll enthalten sind, gelten sie als geschehen,
selbst wenn sie nicht stattgefunden haben; sind hingegen wesentliche Förmlichkeiten nicht im Protokoll enthalten, obwohl sie
beachtet wurden, so gelten sie als nicht erfolgt.[108]

Gegen den die Förmlichkeiten betreffenden Inhalt des Protokolls
ist gemäß § 274, S.2 StPO nur der Nachweis der Fälschung
zulässig. Die besondere Beweiskraft des § 274 StPO entfällt
jedoch, wenn das Protokoll lückenhaft, unklar oder in sich wider-
sprüchlich ist.[109]

---

107 Meyer-Goßner, § 226, Rn. 3.; zu den Folgen und zum Fall: vgl.
   IV. 3. a.
108 Beulke, Rn. 393.
109 Meyer-Goßner, § 274, Rn. 17.

3. Ausschließung und Ablehnung von Gerichtspersonen

Nach § 24 I StPO kann ein Richter abgelehnt werden, wenn er

- von der Ausübung des Richteramts **kraft Gesetz ausgeschlossen** ist (§ 22 StPO)

oder

- wenn die **Besorgnis** besteht, **dass der Richter befangen ist** (§ 24 II StPO).

Gemäß § 25 StPO muss die Ablehnung wegen Besorgnis der Befangenheit bis zum Beginn der Vernehmung des ersten Angeklagten über seine persönlichen Verhältnisse erklärt werden.

Sofern die Umstände, die die Ablehnung begründen erst später eintreten oder bekannt werden, ist die Ablehnung unverzüglich geltend zu machen.

Die Ablehnung wird nach § 26 a I StPO durch das Gericht als unzulässig verworfen, wenn sie verspätet ist, wenn ein Grund zur Ablehnung oder ein Mittel zur Glaubhaftmachung nicht angegeben wird, oder die Ablehnung offensichtlich nur der Prozessverschleppung dient. Über die Verwerfung der Ablehnung als unzulässig entscheidet das Gericht, ohne dass der abgelehnte Richter ausscheidet.

Wird die Ablehnung demgegenüber nicht als unzulässig verworfen, so entscheidet das Gericht, dem der abgelehnte Richter angehört, nach § 27 StPO ohne dessen Mitwirkung durch Beschluss über das Ablehnungsgesuch.

Die Entscheidung erfolgt gemäß § 27 II StPO in der für Entscheidungen außerhalb der Hauptverhandlung vorgesehenen Besetzung, d. h. ohne Mitwirkung der Schöffen (vgl. § 76 I 2 GVG).

56

Im Einzelnen ergibt sich folgende Prüfung:

- Ablehnungsgrund: Ausschluss kraft Gesetzes (§ 22 StPO)
z. B. wenn selbst durch Straftat verletzt, Verwandtschaft oder Ehe mit Verletztem oder Beschuldigtem, bereits in anderer Funktion mit der Sache befasst;

Besorgnis der Befangenheit (§ 24 StPO)
Vorliegen eines Grundes, der Misstrauen gegen die Unparteilichkeit rechtfertigt, § 24 II StPO („Frist" des § 25 StPO, s. o.);

- Verfahren: Ablehnungsgesuch an erkennendes Gericht, Glaubhaftmachung (§ 26 I, II StPO);

- Entscheidung: Unzulässigkeit des Antrags: § 26 a StPO; sonst: Beschluss ohne Mitwirkung des abgelehnten Richters, § 27 StPO;

- Rechtsmittel: sofortige Beschwerde (§ 304 StPO) gegen Beschluss, durch den die Ablehnung als unzulässig verworfen oder als unbegründet zurückgewiesen wird, § 28 StPO.

Zum Fall (S. 51): Der vorsitzende Richter R ist nicht gemäß § 22 StPO kraft Gesetzes von der Ausübung seines Amtes ausgeschlossen, da keiner der Ausschlussgründe aus § 22, Nr. 1 - 5 StPO vorliegt. Angesichts seiner jahrelangen guten Freundschaft zu G, dem Opfer der Tat, besteht jedoch Misstrauen gegen die Unparteilichkeit von R, so dass gemäß § 24 II StPO die Besorgnis der Befangenheit vorliegt. Der Verteidiger des A hat die Ablehnung des R auch rechtzeitig i. S. d. § 25 StPO gegenüber dem erkennenden Gericht erklärt. Der Antrag ist auch nicht unzulässig nach § 26 a StPO, so dass gemäß § 27 StPO das Gericht ohne Mitwirkung des R über die Ablehnung durch Beschluss hätte entscheiden müssen. Stattdessen hat R ohne weitere Berücksichtigung des Antrags weiterverhandelt. Dies stellt einen Verfahrensfehler dar.[110]

---

110 zu dessen Folgen: vgl. **C. IV. 3.**

Zu beachten ist, dass eine Ablehnung wegen Besorgnis der Befangenheit nicht voraussetzt, dass tatsächlich eine Voreingenommenheit vorliegt. Ausreichend ist vielmehr, dass ein durchschnittlicher Beobachter aus der Sicht des Angeklagten bei verständiger Würdigung der Umstände Zweifel an der Unvoreingenommenheit hätte.[111]

Über §§ 31und 74 StPO finden die Vorschriften der § 22 ff. StPO für die Ablehnung von Schöffen und Urkundsbeamten sowie Sachverständigen entsprechende Anwendung.

Ein Ablehnungsrecht gegenüber einem **Staatsanwalt** ist hingegen in der StPO nicht vorgesehen, was zu der Frage führt, wie zu verfahren ist, wenn Zweifel an der Unparteilichkeit eines Staatsanwalts bestehen.

Dieses Problem stellt sich, da das heutige Leitbild des Staatsanwalts von diesem verlangt, ein Strafverfahren unabhängig und objektiv zu betreiben,[112] was sich bereits aus § 160 II StPO ergibt.

Eine analoge Anwendung der §§ 22 ff. StPO scheidet aus, da es insofern an einer planwidrigen Regelungslücke fehlt.[113] Die §§ 22 ff. StPO wurden vom Gesetzgeber für Schöffen, Urkundsbeamte und Sachverständige für entsprechend anwendbar erklärt, für Staatsanwälte demgegenüber gerade nicht. Eine analoge Anwendung der Vorschriften würde dieser Entscheidung des Gesetzgebers widersprechen.

Vielmehr ist es Sache des Dienstvorgesetzten, einen befangenen Staatsanwalt nach § 145 GVG zu ersetzen. Das Gericht und die anderen Prozessbeteiligten können bei ihm auf eine Ablösung hinwirken, ein Recht zur Ablehnung haben sie hingegen nicht.[114]

---

111 BGHSt 1, 34 (39), Urteil vom 9. Februar 1951.
112 Beulke, Rn.92.
113 für eine eingeschränkte Analogie: Beulke, Rn. 93, 94.
114 vgl. Meyer-Goßner, vor § 22, Rn. 3-5.

4. Vernehmung des Angeklagten

Nach der Verlesung des Anklagesatzes ist der Angeklagte gemäß § 243 V 1 StPO darauf hinzuweisen, dass es ihm freisteht, sich zur Sache zu äußern oder von seinem **Aussageverweigerungsrecht** Gebrauch zu machen.

Zum Fall (S. 51): Der Angeklagte A wurde hier nicht über sein Aussageverweigerungsrecht belehrt. Es liegt insofern ein Verstoß gegen § 243 V 1 StPO vor.[115]

Sofern sich der Angeklagte zu einer Aussage entschließt, wird er gemäß § 238 StPO vom vorsitzenden Richter (nach Maßgabe des § 136 II StPO) zur Sache vernommen.

Den beisitzenden Richtern, dem Staatsanwalt, dem Verteidiger und den Schöffen steht gemäß § 240 I, II StPO ein Fragerecht zu. Die unmittelbare Befragung eines Angeklagten durch einen Mitangeklagten ist unzulässig, § 240 II 2 StPO.

5. Beweisaufnahme

An die Vernehmung des Angeklagten schließt sich die Beweisaufnahme an. Gemäß § 244 II StPO hat das Gericht diese von Amts wegen auf alle Tatsachen und Beweismittel zu erstrecken, die für die Entscheidung von Bedeutung sind.

a. Unmittelbarkeit der Beweisaufnahme

Hierbei gilt der Grundsatz der Unmittelbarkeit der Beweisaufnahme. Dieser besagt, dass die Beweisaufnahme grundsätzlich vor dem erkennenden Gericht durchzuführen ist und die Beweismittel nicht durch Beweissurrogate ersetzt werden dürfen.[116]

---

115 zu den Folgen des Verstoßes: **C. III. 5. f.**
116 Beulke, Rn. 410.

Die zentrale Vorschrift ist in diesem Zusammenhang § 250 StPO, wonach eine Vernehmung nicht durch Verlesung eines Protokolls über eine frühere Vernehmung ersetzt werden kann. Vielmehr ist die Person, auf deren Wahrnehmung sich der Beweis einer Tatsache stützt, in der Hauptverhandlung zu vernehmen, § 250, S.1 StPO. Von dem Grundsatz der persönlichen Vernehmung gibt es folgende **gesetzliche Ausnahmen**:

- Verlesung von Protokollen über frühere Vernehmung in den Fällen des **§ 251 StPO** (abschließende Aufzählung; § 251 II StPO nur bei früherer richterlicher Vernehmung, I auch bei nicht richterlicher Vernehmung);

- Protokollverlesung zur Gedächtnisunterstützung, **§ 253 StPO**;

- Verlesung von richterlichen Geständnisprotokollen, **§ 254 StPO**;

- Vorführung von Bild- und Tonaufzeichnungen einer Zeugenvernehmung, **§ 255 a StPO**;

- Verlesung von Gutachten öffentlicher Behörden oder allgemein vereidigter Sachverständiger, Verlesung von ärztlichen Attesten, **§ 256 StPO**.

Trotz des Grundsatzes der persönlichen Vernehmung ist der **Vorhalt**, d. h. das auszugsweise vorlesen von Protokollen über eine frühere Vernehmung zur Gedächtnisunterstützung, als Vernehmungsbehelf **zulässig**.[117]

Beweismittel bleibt in diesem Fall jedoch allein die aufgrund des Vorhalts in der Hauptverhandlung gemachte Aussage. Der Vorhalt selbst ist hingegen kein Beweismittel.[118]

---

117 BGHSt 34, 231 (235), Urteil vom 25. November 1986.
118 vgl. BGHSt 34, 231 (235), Urteil vom 25. November 1986.

b. Beweismittel

Nach der Strafprozessordnung gibt es vier Beweismittel: den Zeugenbeweis, den Sachverständigenbeweis, den Augenschein und den Urkundsbeweis. Der Beschuldigte zählt demgegenüber nicht zu den Beweismitteln.[119] Seine Einlassung ist jedoch entsprechend verwertbar.[120]

aa. Zeuge, §§ 48 ff. StPO

Aufgabe des Zeugen ist es, Auskunft über Tatsachen zu geben, nicht hingegen Vermutungen anzustellen und eigene Schlüsse zu ziehen.[121]

Beispiel: Ein Pkw wurde aufgebrochen. Zeuge Z bekundet: „Ich habe gesehen, wie der Angeklagte vom Tatort weggerannt ist." Anschließend ergänzt er: „Ich nehme an, der Angeklagte hat zuvor das Fahrzeug aufgebrochen und wollte flüchten." Die erste Äußerung gibt eine Tatsache wieder, während Z danach nur Vermutungen anstellt, was nicht seiner Aufgabe als Zeuge entspricht.

Der Zeuge ist zum Erscheinen vor Gericht verpflichtet. Bei Ausbleiben trotz ordnungsgemäßer Ladung kann gemäß § 51 StPO ein Ordnungsgeld oder Ordnungshaft gegen ihn festgesetzt werden.

Vor seiner Vernehmung ist der Zeuge gemäß § 57 StPO auf die Wahrheitspflicht, die Möglichkeit der Vereidigung und die Strafbarkeit der eidlichen und uneidlichen Falschaussage hinzuweisen.

Der Zeuge hat das Recht, aus persönlichen (§ 52 StPO) oder beruflichen (§ 53 f. StPO) Gründen das Zeugnis zu verweigern.

---

119 Volk, § 21, Rn.2.
120 Göbel, S.156.
121 Volk, § 21, Rn.4.

Zeugnisverweigerungsrecht aus pers. Gründen, § 52 StPO
zur Zeugnisverweigerung sind berechtigt:

- der Verlobte des Beschuldigten;

- Ehegatte oder Lebenspartner des Beschuldigten, auch wenn
  Ehe / Lebenspartnerschaft nicht mehr besteht;

- in gerader Linie Verwandte oder Verschwägerte oder in der
  Seitenlinie bis zum dritten Grad Verwandte oder bis zum
  zweiten Grad Verschwägerte (§§ 1589, 1590 BGB).

Belehrungspflicht, § 52 III StPO

Zeugnisverweigerungsrecht aus berufl. Gründen, § 53 StPO
Zeugnisverweigerungsrecht zum Schutz von Berufsgeheimnissen
(z. B. für Geistliche, Anwälte, Steuerberater, Ärzte, MdB, MdL,...);
erstreckt sich gemäß § 53 a StPO auch auf die Berufshelfer.

Keine Belehrungspflicht

Beispiel: M hat dem Priester P bei der Beichte einen Raubüberfall gestanden. Vor Gericht verweigert P unter Hinweis auf das Beichtgeheimnis
die Aussage.

Über das Zeugnisverweigerungsrecht aus persönlichen Gründen
sind die verweigerungsberechtigten Personen gemäß § 52 III
StPO zu belehren.

Zum Fall: E stand als Ex-Frau des A ein Zeugnisverweigerungsrecht
nach § 52 I, Nr.2 StPO zu. Sie wurde vorliegend nicht darüber belehrt,
dass sie das Zeugnis hätte verweigern dürfen. Damit liegt ein Verstoß
gegen § 52 III StPO vor.[122]

---

122 zu den Folgen dieses Verstoßes: siehe **C. III. 5.f.**

I. R. d. § 53 StPO besteht hingegen keine Belehrungspflicht. Die gerichtliche Fürsorgepflicht gebietet jedoch eine Belehrung, wenn offensichtlich ist, dass der Zeuge sein Zeugnisverweigerungsrecht nicht kennt.[123]

Beamte und Richter dürfen gemäß **§ 54 StPO i. V. m. §§ 61, 62BBG** nur aussagen, wenn ihnen eine Aussagegenehmigung erteilt wurde.

Zu unterscheiden von den Zeugnisverweigerungsrechten ist das **Auskunftsverweigerungsrecht nach § 55 StPO.** Hiernach kann ein an sich Aussagepflichtiger die Auskunft auf Fragen verweigern, wenn er sich oder einen Angehörigen durch deren Beantwortung der Gefahr der Strafverfolgung aussetzen würde.

Beispiel: A ist wegen Diebstahls eines VW Golf angeklagt. Sein Kumpel K, der Gebrauchtwagenhändler ist, wird gefragt, ob er von A in der letzten Zeit besagtes Fahrzeug angekauft hat. K kann die Antwort auf diese Frage verweigern, da er sich durch seine Angaben möglicherweise selbst der Gefahr der Strafverfolgung wegen Hehlerei aussetzen würde.

Der Zeuge ist gemäß § 55 II StPO über sein Auskunftsverweigerungsrecht zu belehren.

bb. Sachverständiger, §§ 72 ff. StPO

Der Sachverständige wird aufgrund einer Beauftragung durch die Strafverfolgungsbehörden tätig und teilt dem Gericht aufgrund seiner besonderen Sachkunde allgemeine Erfahrungssätze mit, trifft Tatsachenfeststellungen und zieht Schlussfolgerungen.[124] Im Gegensatz zum Zeugen ist es also Aufgabe des Sachverständigen, eigene Beurteilungen kundzutun und die gemachten Beobachtungen zu werten.

Beispiel: A steht wegen Gefährdung des Straßenverkehrs vor Gericht. Er soll im Stadtbereich mit weit überhöhter Geschwindigkeit gefahren sein und dadurch einen Unfall verursacht haben. Der Sachverständige S wird beauftragt, anhand der Schäden an den beteiligten Fahrzeugen und der Bremsspuren von A's Pkw, dessen Geschwindigkeit zu errechnen.

---

123 vgl. Meyer-Goßner, § 53, Rn.44.
124 Putzke/Scheinfeld, S.59.

Auf Sachverständige sind gemäß § 72 StPO die für Zeugen geltenden Vorschriften entsprechend anzuwenden, wenn keine abweichenden Regelungen bestehen. Ein bestellter Sachverständiger ist somit verpflichtet, vor Gericht zu erscheinen, wahre Angaben zu machen bzw. ein unparteiisches Gutachten zu erstellen und seine Ausführungen zu beeiden.[125]

Abzugrenzen vom Sachverständigen ist der sogenannte **sachverständige Zeuge** i. S. d. § 85 StPO. Dieser ist aufgrund seiner Sachkunde in der Lage, Auskunft über bestimmte Umstände zu geben, die er wahrgenommen hat.[126]

Beispiel: Ein zufällig anwesender Arzt versorgt das Opfer eines Verkehrsunfalls. Er kann anschließend Angaben zu Art und Schwere der Verletzungen machen, die ein Laie nicht treffen könnte.

Der sachverständige Zeuge ist **kein Sachverständiger**, da es an einer Beauftragung fehlt. Er ist gemäß § 85 StPO als Zeuge zu behandeln.

cc. Augenschein, § 86 StPO

Augenschein ist jede sinnliche Wahrnehmung durch Sehen, Hören, Riechen, Schmecken oder Fühlen.[127]

Beispiel: Beim Angeklagten M wurde ein Video gefunden, dass ihn bei der Tötung eines Menschen zeigt. Das Band wird vor Gericht abgespielt.

Eine Augenscheinseinnahme ist nach gerichtlichem Ermessen in jeder Lage des Verfahrens möglich, wobei insofern der Grundsatz der Unmittelbarkeit des Verfahrens nicht gilt, d. h. es dürfen Augenscheinsgehilfen eingesetzt werden.[128]

---

125 Volk, § 21, Rn.31.
126 Volk, § 21, Rn.25.
127 BGHSt 18, 51 (53), Urteil vom 28. September 1962.
128 Beulke, Rn.204.

dd. Urkunde, §§ 249 ff. StPO

Unter den Begriff der Urkunde im strafprozessualen Sinne fallen alle Schriftstücke, die verlesen werden können und aufgrund ihres Gedankeninhalts geeignet sind, Beweis zu erbringen.[129]Beweiszeichen fallen demgegenüber nicht unter diesen Urkundenbegriff.[130]

Beispiel: A steht wegen Betruges vor Gericht. Er soll ein Auto auf Raten gekauft haben, obwohl er wusste, dass er zur Zahlung des Kaufpreises nicht in der Lage sein würde. Vor Gericht wird die Kaufvertragsurkunde verlesen.

Die Erkennbarkeit des Ausstellers setzt eine Urkunde im strafprozessualen Sinne nicht voraus.[131]

Beispiel: Ein nicht unterschriebener „Abschiedsbrief", der nach einem vermeintlichen Selbstmord gefunden wird, ist eine Urkunde im strafprozessualen Sinne.

Sofern es nicht auf den Inhalt der Urkunde, sondern auf ihre Beschaffenheit ankommt, so handelt es sich nicht um einen Urkundsbeweis, sondern um die Einnahme eines Augenscheins.[132]

c. Ablauf der Beweisaufnahme

Die Beweisaufnahme erfolgt nach § 238 StPO durch den vorsitzenden Richter. Dies bedeutet auch, dass er die Vernehmung der Zeugen und Sachverständigen durchführt. Den beisitzenden Richtern, dem Staatsanwalt, dem Angeklagten, dem Verteidiger sowie den Schöffen steht jedoch gemäß § 240 I, II StPO ein Fragerecht zu.[133]

---

129 BGHSt 27, 135 (136), Urteil vom 3. März 1977.
130 Beulke, Rn. 203.
131 Beulke, Rn. 203.
132 BGH StV 1999, 359, Beschluss vom 13. April 1999.
133 Ausnahme: Zeugen unter 16 Jahren, § 241 a I StPO.

d. Beweisanträge

Die Prozessbeteiligten haben außerdem die Möglichkeit, durch die Stellung von Beweisanträgen Einfluss auf die Beweisaufnahme zu nehmen. „Ein Beweisantrag ist das Begehren eines Prozessbeteiligten auf eine Beweiserhebung unter bestimmter Angabe der zu beweisenden Tatsache und des zu verwendenden Beweismittels."[134]

Voraussetzungen des Beweisantrags im Einzelnen[135]:

- **Antrag:** Die Beweiserhebung muss verlangt werden. Formulierung i. d. R.: „ Ich beantrage, Beweis zu erheben...";

- **Bezeichnung einer Beweistatsache:** Es ist eine Tatsachenbehauptung aufzustellen, die Angabe des Beweisziels reicht nicht;

- **Beweismittel:** Weiterhin ist das Beweismittel anzugeben, und zwar so, dass es vom Gericht identifiziert werden kann. Außerdem muss der Zusammenhang zwischen Beweistatsache und Beweismittel erkennbar sein.

Beispiel: Der Verteidiger V erklärt: „Zum Beweis der Tatsache, dass der Angeklagte zur Tatzeit in der Kneipe „Weinloch" war, beantrage ich, den Wirt der Kneipe, Herrn Markus Meier, wohnhaft in ... (Straße + Ort), zu vernehmen." Die Voraussetzungen des Beweisantrags liegen hier vor. Die Beweiserhebung wurde beantragt, es wurde eine Tatsachenbehauptung aufgestellt („Der Angeklagte war zur Tatzeit in der Kneipe Weinloch.") und es wurde ein identifizierbares Beweismittel (Gastwirt Meier, wohnhaft in...) angeboten, wobei sich aus dem Antrag auch der Zusammenhang zwischen Beweistatsache und Beweismittel erkennen lässt.

Abzugrenzen ist der Beweisantrag von der **Beweisanregung** und dem **Beweisermittlungsantrag**.[136] Bei der Beweisanregung wird die Beweiserhebung dem Gericht nur „nahegelegt", d. h. es fehlt an einem Antrag. Beim Beweisermittlungsantrag fehlt es hingegen an einer Beweistatsachenbehauptung oder an der Bezeichnung

---

134 Beulke, Rn.435.
135 vgl. Volk, § 25, Rn.3 ff.
136 näheres hierzu: Herdegen, NStZ 1998, 444 – 450.

eines bestimmten Beweismittels, d. h. der Antragsteller verlangt eine Ermittlungstätigkeit des Gerichts.[137]

Ob ein Beweisantrag oder lediglich eine Beweisanregung bzw. ein Beweisermittlungsantrag vorliegt, ist bedeutsam für die Entscheidung des Gerichts.

Beweisantrag	kann nur nach Maßgabe der Ablehnungsgründe der **§§ 244 III – V, 245 II 2, 3 StPO** abgelehnt werden
Beweisanregung	i. R. d. richterlichen Aufklärungspflicht gemäß **§ 244 II StPO** zu berücksichtigen
Beweisermittlungsantrag	i. R. d. richterlichen Aufklärungspflicht gemäß **§ 244 II StPO** zu berücksichtigen

Zum Fall (S. 51): Verteidiger V hat hier beantragt, „die Gäste der Kneipe ausfindig zu machen, um sie als Zeugen zu befragen." Es fehlt hier sowohl an einer bezeichneten Beweistatsache, als auch an einem identifizierbaren Beweismittel. Daher liegt hier kein Beweisantrag, sondern ein Beweisermittlungsantrag vor. Das Gericht hat somit i. R. d. richterlichen Aufklärungspflicht nach § 244 II StPO über den Antrag zu entscheiden. Dabei muss das Gericht allen erkennbaren und sinnvollen Möglichkeiten zur Sachverhaltsaufklärung nachgehen.[138] Dem wurde hier nicht genüge getan. Das Gericht hat keinen Versuch unternommen, die anderen Gäste ausfindig zu machen, obwohl ihre Angaben erkennbar von Bedeutung sein könnten. Somit liegt ein Verstoß gegen § 244 II StPO vor.

e. Ablehnung eines Beweisantrags

Sofern ein Beweisantrag (Voraussetzungen s. o.) vorliegt, kann dieser nur abgelehnt werden, wenn einer der folgenden **Ablehnungsgründe** eingreift:

---

137 vgl. Beulke, Rn.435.
138 vgl. Meyer-Goßner, § 244, Rn.12 (mit Nachweisen aus der Rspr.).

- Beweiserhebung unzulässig, §§ 244 III 1, 245 II 2 StPO;

- Beweistatsache offenkundig, §§ 244 III 2, 1. Var.,
  245 II 3, 2. Var. StPO;

- Beweistatsache bedeutungslos, § 244 III 2, 2. Var. StPO;

- Beweistatsache bereits erwiesen, §§ 244 III 2, 3. Var.,
  245 III 3, 1. Var. StPO;

- Wahrunterstellung, § 244 III 2, 7. Var. StPO;

- Beweismittel ungeeignet, §§ 244 III 2, 4. Var.,
  245 II 3, 4. Var. StPO;

- Beweismittel unerreichbar, § 244 III 2, 5. Var. StPO;

- Prozessverschleppung, §§ 244 III 2, 6. Var.,
  245 II 3, 5. Var. StPO;

- Fehlender Sachzusammenhang, § 245 II 3, 3. Var. StPO.

Zu beachten ist, dass § 245 StPO nur auf die in der Hauptverhandlung präsenten Beweismittel Anwendung findet.

Ein Antrag auf Vernehmung eines Sachverständigen kann ergänzend auch unter den Voraussetzungen des § 244 IV StPO abgelehnt werden, ein Antrag auf eine Augenscheinseinnahme gemäß § 244 V StPO.

Beispiel: A ist angeklagt, am 07. August gegen 18 Uhr in München den O erschossen zu haben. Verteidiger V beantragt, den Z, wohnhaft Bergstr.7 in Stuttgart, zu der Tatsache zu vernehmen, dass dieser am Morgen des fraglichen Tages mit A in Stuttgart ein geschäftliches Treffen hatte. Die Voraussetzungen eines Beweisantrags liegen hier vor. Jedoch ist die unter Beweis gestellte Tatsache für das Verfahren bedeutungslos. Selbst wenn A morgens in Stuttgart gewesen sein sollte, so hätte er um 18 Uhr doch längst wieder in München sein können. Der Beweisantrag kann daher nach § 244 III 2, 2. Var. StPO abgelehnt werden.

Die Ablehnung eines Beweisantrags bedarf gemäß **§ 244 VI StPO** eines Gerichtsbeschlusses.

f. Beweisverwertungsverbote

Wenn im Rahmen der Ermittlungen oder während der Hauptverhandlung gegen Normen der Strafprozessordnung verstoßen
wird, so führt dies nicht automatisch dazu, dass Beweise, die
aufgrund des Verstoßes erlangt wurden, nicht zur Urteilsfindung
herangezogen werden dürfen. Dies ist vielmehr nur dann der Fall,
wenn ein Beweisverwertungsverbot vorliegt. Die StPO enthält
folgende wichtige **gesetzliche Beweisverwertungsverbote:**

- für Blutproben und Körperzellen in zukünftigen Strafverfahren,
  § 81 a III StPO;

- für von abgabeverweigerungsberechtigten Minderjährigen
  ohne Genehmigung des gesetzlichen Vertreters abgegebene
  Blutproben, § 81 c III 5 StPO;

- für Zufallserkenntnisse bei Rasterfahndung, § 477 Abs.2, Satz 2
  StPO(jedoch verwendbar zur Aufklärung einer Katalogtat nach
  § 98 a I StPO);

- für Zufallsfunde (z. B. bei Telefonüberwachung) gemäß § 477 II
  2 StPO (nur verwertbar zur Aufklärung einer **Katalogtat,**
  wenn Anordnung nur bei Katalogtat)

- für bei Wohnraumüberwachung gewonnene Erkenntnisse aus
  dem Kernbereich privater Lebensgestaltung, § 100 c V 3 StPO;

- für den Einsatz verbotener Vernehmungsmethoden, § 136 a III
  2 (i. V. m. § 69 III) StPO(absolutes Beweisverwertungsverbot,
  selbst, wenn Beschuldigter / Zeuge der Verwertung zustimmt!).

Darüber hinaus ist jedoch anerkannt, dass es neben den gesetzlichen auch **nicht normierte Beweisverwertungsverbote** gibt, d.
h. Fälle, in denen ein Beweismittel bei der Urteilsfindung nicht
berücksichtigt werden darf, obwohl das Gesetz dies nicht ausdrücklich vorschreibt.

Allerdings besteht keine allgemeine Regel, wann von einem
Verbot der Verwertung auszugehen ist. Als Anhaltspunkt können
jedoch die folgenden Ansätze und Theorien dienen.

Abwägungslehre[139]	Abwägung zwischen staatlichem Strafverfolgungsinteresse und Individualinteresse des Bürgers auf Wahrung seiner Rechte; sofern die Individualinteressen das Strafverfolgungsinteresse überwiegen besteht ein Beweisverwertungsverbot.
Schutzzweck der Norm[140]	Dient die Norm gegen die verstoßen wurde zumindest auch dem Schutz des Beschuldigten? Wenn ja, dann besteht ein Beweisverwertungsverbot.
Rechtskreistheorie[141]	Wird der Rechtskreis des Beschwerdeführers durch die Gesetzesverletzung erheblich berührt? Wenn ja, dann besteht ein Beweisverwertungsverbot.

Wichtige **Fallgruppen**[142], in denen ein Beweisverwertungsverbot diskutiert wird bzw. wurde sind:

- im Bereich der Zeugnis- und Auskunftsverweigerungsrechte

Situation	Folge
- die fehlende Belehrung über das Aussageverweigerungsrecht bei der richterlichen Vernehmung, § 136StPO.	Der Verstoß gegen die Belehrungspflicht führt zu einem **Beweisverwertungsverbot**,[143] da der Rechtskreis des Beschuldigten – der nicht verpflichtet ist, sich selbst zu belasten - durch die unter-

---

139 vgl. Meyer-Goßner, Einl., Rn.55 a.
140 vgl. BGHSt 46, 189 (195), Urteil vom 3. November 2000.
141 vgl. BGHSt GrS 11, 213 (215), Beschluss vom 21. Januar 1958.
142 ausführliche Übersicht bei Beulke, Rn. 454 ff.
143 BGHSt 38, 214 (218), Beschluss vom 27. Februar 1992.

Situation	Folge
	lassene Belehrung betroffen ist.[144] Das Verwertungsverbot greift beim verteidigten Angeklagten jedoch nur ein, wenn der Verwertung bis zu dem in § 257 StPO genannten Zeitpunkt widersprochen wurde.[145]
- die fehlende Belehrung des Zeugen nach§ 52 III StPO.	Dieser Verstoß führt **grundsätzlich** zu einem **Beweisverwertungsverbot**, da nach dem Schutzzweck der Norm der Familienfriede gesichert werden soll.[146] **Ausn.:** Wenn feststeht, dass der Zeuge sein Zeugnisverweigerungsrecht kannte und auch bei Belehrung ausgesagt hätte, so besteht kein Verwertungsverbot.[147]
- die Zeugnisverweigerung in der Hauptverhandlung.	Nach § 252 StPO kann eine frühere Aussage nicht verlesen werden. Nach der Rechtsprechung folgt hieraus auch ein grundsätzliches **Verwertungsverbot**. **Ausn.:** Bei früherer **richterlicher Vernehmung** kann der Richter als Zeuge über den

144 BGHSt 38, 214 (220), Beschluss vom 27. Februar 1992.
145 BGHSt 38, 214 (218), Beschluss vom 27. Februar 1992; unter den gleichen Voraussetzungen führt auch eine unterbliebene Belehrung bei der polizeilichen Vernehmung (§ 136 I 2 i. V. m. § 163 a IV 2 StPO) zu einem Verwertungsverbot, vgl. Rose/Witt, JA 1998, 400 (401).
146 BGHSt GrS 11, 213 (216), Beschluss vom 21. Januar 1958.
147 BGHSt 38, 214 (225), Beschluss vom 27. Februar 1992.

Situation	Folge
	Inhalt der Aussage vernommen werden, sofern bei der ursprünglichen Vernehmung eine ordnungsgemäße Belehrung über das Zeugnisverweigerungsrecht stattgefunden hat.[148]
- die Aussage einer Vertrauensperson (§ 53 StPO) unter **Verstoß gegen § 203 StGB**.	Begründet nach h. M. **kein Verwertungsverbot**, die verfahrensrechtliche Verwertbarkeit der Aussage bleibt unberührt.[149] Das Verweigerungsrecht soll die Vertrauensperson lediglich aus der Zwangslage des Pflichtenwiderstreits befreien.[150]
- die Aussage eines Beamten ohne Aussagegenehmigung nach **§ 54 I StPO** i. V. m. § 37 BeamtStG	Zieht **kein Beweisverwertungsverbot** nach sich, da § 54 I StPO nicht den Rechtskreis des Angeklagten schützt, sondern lediglich der Wahrung des öffentlichen Geheimhaltungsinteresses dient.[151]
- die fehlende Belehrung über das Auskunftsverweigerungsrecht nach **§ 55 StPO**.	Diese Gesetzesverletzung zieht **kein Beweisverwertungsverbot** nach sich, da der Rechtskreis des Angeklagten durch den Verstoß nicht betroffen ist.[152]

Zum Fall (S. 51): Die unterbliebene Belehrung der E über das ihr nach § 52 III StPO zustehende Zeugnisverweigerungsrecht führt hier dazu, dass ihre Aussage nicht verwertet werden darf, da im vorliegenden Fall

---

148 Meyer-Goßner, § 252, Rn.13,14 (mit Nachweisen aus der Rspr.).
149 BGHSt 9, 59, Urteil vom 12. Januar 1956;
      a. A. Beulke, Rn. 462.
150 BGHSt 9, 59 (61), Urteil vom 12. Januar 1956.
151 Rose/Witt, JA 1998, 400 (402).
152 BGHSt GrS 11, 213 (218), Beschluss vom 21. Januar 1958.

auch nicht feststeht, dass E ihr Recht kannte und auch bei ordnungsgemäßer Belehrung ausgesagt hätte.

- im Bereich der Zwangsmittel

Situation	Folge
- der Verstoß gegen **§ 81 a StPO**.	Eine nicht vorschriftsmäßige körperliche Untersuchung begründet grundsätzlich **kein Beweisverwertungsverbot**. Eine **Ausnahme** besteht nur, wenn bewusst gegen die Voraussetzungen des § 81 a StPO verstoßen wurde. Dann dürfen die Untersuchungsergebnisse nicht verwertet werden.[153]
- die Durchsuchung aufgrund einer fehlerhaften Durchsuchungsanordnung.	Ein Verstoß gegen § 105 StPO zieht grundsätzlich **kein Beweisverwertungsverbot** nach sich. Eine **Ausnahme** ergibt sich bei Vorliegen besonders grober Verstöße.[154]
- der Verstoß gegen ein Beschlagnahmeverbot nach **§ 97 I StPO**.	Führt zu einem **Beweisverwertungsverbot**.[155]
- die Aussage des Beschuldigten in der Untersuchungshaft.	Die Aussage ist unverwertbar, wenn der Beschuldigte gegenüber einem Mitgefangenen Angaben macht, der auf Veranlassung der Polizei auf die Zelle gelegt wurde, um den Beschuldigten über die Tat auszuhorchen,[156]da dies einen Missbrauch der U – Haft zu

---

153 BGHSt 24, 125 (131), Beschluss vom 17. März 1971.
154 Meyer-Goßner, § 94, Rn.21 (mit Nachweisen aus der Rspr.).
155 BGHSt 18, 227 (229), Urteil vom 23. Januar 1963.
156 BGHSt 34, 362 (364), Urteil vom 28. April 1987.

Situation	Folge
	prozessordnungswidrigen Zwecken darstellt.[157]
- die Anordnung einer Telekommunikationsüberwachung trotz fehlender Anordnungsvoraussetzungen.	Ein Verwertungsverbot besteht nur, wenn die Anordnung grob fehlerhaft oder willkürlich war; ansonsten sind die erlangten Erkenntnisse verwertbar.[158]

Beispiel: A soll eine Blutprobe entnommen werden. Der Polizeibeamte P erklärt gegenüber A, dass Q, der Arzt sei, die Probe entnehmen werde. Tatsächlich ist Q medizinisch völlig ungebildet. Dies wusste auch P, jedoch hatte er keine Lust, extra einen Arzt herbeizurufen. Die Blutprobe kann in einem späteren Verfahren gegen A nicht verwendet werden, da die Voraussetzungen des § 81 a StPO bewusst umgangen wurden.

- im Zusammenhang mit den Grundrechten

Situation	Folge
- die Verwertbarkeit von **Tagebuchaufzeichnungen**.	Es ist eine **Abwägung** vorzunehmen zwischen dem staatlichen **Strafverfolgungsinteresse** und dem Interesse des Angeklagten am Schutz seines **Persönlichkeitsrecht**s, wobei die Schwere der verfolgten Straftat entscheidend ist.[159] Die Verwertbarkeit der Aufzeichnungen ist außerdem von ihrem Charakter abhängig; Unverwertbarkeit besteht jedenfalls bei Aufzeichnungen aus dem Bereich der Intimsphäre.[160]

157 BGHSt 34, 362 (364), Urteil vom 28. April 1987.
158 BGHSt 41, 30 (34), Urteil vom 16. Februar 1995.
159 BGHSt 34, 397 (401), Urteil vom 9. Juli 1987.
160 BVerfGE 80, 367 (374), Beschluss vom 14. September 1989.

g. Fernwirkung von Beweisverwertungsverboten

Sofern ein Beweisverwertungsverbot vorliegt, stellt sich häufig die Frage, ob es nur für das unverwertbare Beweismittel selbst gilt, oder ob es eine Fernwirkung von Beweisverwertungsverboten gibt.

Beispiel: Ein Brief wurde trotz eines Beschlagnahmeverbotes nach § 97 I StPO beschlagnahmt. Aus dem Inhalt des Briefes ergeben sich Hinweise auf den Lagerungsort von strafrechtlich relevanten Unterlagen, die daraufhin von der Polizei (in gesetzeskonformer Weise) beschlagnahmt werden. Der Verstoß gegen § 97 I StPO führt zu einem Beweisverwertungsverbot (s. o.), so dass der Brief selbst nicht in einem Prozess verwendet werden darf. Fraglich ist, ob auch die Unterlagen unverwertbar sind, die aufgrund der aus dem Brief gewonnenen Informationen aufgefunden wurden.

Nach der **Rechtsprechung** wird eine **Fernwirkung von Beweisverwertungsverboten abgelehnt**, wobei dies damit begründet wird, dass ein einzelner Verfahrensfehler nicht das gesamte Strafverfahren lahm legen dürfe.[161] Eine Ausnahme von diesem Grundsatz wurde lediglich für § 7 III G 10 (Gesetz zu Art. 10 GG) anerkannt. Hier hat der Bundesgerichtshof eine Fernwirkung bejaht.[162]

Die **Gegenauffassung** nimmt demgegenüber in Anlehnung an die amerikanische „**fruit of the poisonous tree doctrine**" grundsätzlich eine Fernwirkung an, da sich die Beweisverwertungsverbote ansonsten zu leicht umgehen ließen.[163]

---

161 BGHSt 27, 355 (358), Urteil vom 22. Februar 1978;
    BGHSt 34, 362 (364), Urteil vom 28. April 1987.
162 BGHSt 29, 244, Urteil vom 18. April 1980.
163 Roxin, § 24, Rn.47.

6. Das letzte Wort, § 258 II StPO

Nach dem Ende der Beweisaufnahme und den Anträgen von Staatsanwaltschaft und Verteidigung hat der Angeklagte gemäß § 258 II StPO das letzte Wort. Dies gilt nach § 258 III StPO auch dann, wenn zuvor ein Verteidiger für ihn gesprochen hat.

Im Rahmen des letzten Wortes steht dem Angeklagten weitestgehende Verteidigungsfreiheit zu.[164] Auch die Benutzung schriftlicher Aufzeichnungen ist zulässig.[165] Der Angeklagte darf grundsätzlich nicht auf eine bestimmte Redezeit begrenzt werden.[166] Nur bei Missbrauch darf das letzte Wort nach Ermahnung entzogen werden.[167]

Zum Fall (S. 51): Der vorsitzende Richter R hat dem Angeklagten das letzte Wort entzogen, obwohl ein Missbrauch des Rechts durch den Angeklagten nicht ersichtlich war. Da der Angeklagte in seinen Ausführungen nicht auf eine bestimmte Zeit beschränkt ist, hatte R kein Recht, die weiteren Ausführungen des A zu unterbinden. Es liegt daher ein Verfahrensfehler vor.[168]

7. Entscheidung des Gerichts durch Urteil, § 260 StPO

Das Gericht zieht sich danach zur Beratung zurück und verkündet anschließend gemäß § 260 I StPO das Urteil. Dabei wird zunächst die Urteilsformel, der sogenannte Tenor, verlesen. Anschließend folgt die Urteilsbegründung (und die Rechtsmittelbelehrung). Damit endet die Hauptverhandlung.

Gemäß § 275 StPO wird das Urteil anschließend schriftlich in Form einer Urteilsurkunde niedergelegt.[169]

---

164 BGHSt 9, 77 (79), Urteil vom 28. Februar 1956.
165 BGHSt 3, 368, Urteil vom 9. Januar 1953.
166 RG 64, 57, Urteil vom 10. März 1930.
167 BGHSt 3, 368, Urteil vom 9. Januar 1953.
168 zu den Folgen dieses Verstoßes: **C. IV. 3. a.**
169 zu den Bestandteilen der Urteilsurkunde: Beulke, Rn.500.

8. Exkurs: Der „Deal" - Absprachen im Strafprozess

Die große Anzahl an Verfahren, mit denen die Justiz befasst ist, führt dazu, dass in gewissen Fällen die Notwendigkeit besteht, langwierige Prozesse abzukürzen (bzw. zu vermeiden). Vor diesem Hintergrund sind auch die Einstellungsvorschriften der §§ 153 ff. StPO zu sehen.

Eine weitere Möglichkeit der „Arbeitserleichterung" bietet der sogenannte „Deal". Dieser ist eine strafprozessuale Absprache zwischen den Verfahrensbeteiligten, bei der dem Angeklagten für den Fall eines Geständnisses ein günstiger Verfahrensausgang in Aussicht gestellt wird.

Neben der bereits erwähnten Zeitersparnis kann eine Absprache noch einen weiteren Vorteil mit sich bringen: Sie erspart Zeugen, die von der Tat unmittelbar betroffen sind, die möglicherweise (gerade im Bereich der Sexualdelikte) höchst unangenehme Erfahrung, vor Gericht über die Geschehnisse aussagen zu müssen.[170]

Kritisch wird angemerkt, dass in der Praxis Gespräche über die Abgabe eines Geständnisses häufig geführt würden, ohne dass überhaupt eine gerichtliche Prüfung des Akteninhalts stattgefunden habe.[171]

Die Frage von Schuld und Unschuld des Angeklagten bliebe zu oft unberücksichtigt, es herrsche häufig ein großer Verständigungsdruck, da andernfalls, neben um ein Drittel höheren Freiheitsstrafen, auch finanzielle Risiken (Kosten eines langen Gerichtsverfahrens) zu erwarten seien.[172]

---

170 so auch Schroeder, Rn. 205.
171 so z. B. Waldraff, NRB – Mitteilungsblatt, Januar 2007, S.49 (52).
172 Waldraff, NRB- Mitteilungsblatt, S.51.

Nach der **früheren Rechtsprechung des Bundesgerichtshofes**[173] war ein „Deal" unter folgenden Voraussetzungen zulässig:

- Die Absprache erfolgt unter Mitwirkung aller Verfahrensbeteiligten in der öffentlichen Hauptverhandlung (Vorgespräche sind zulässig);

- die Absprache muss protokolliert werden;

- ein Geständnis muss auf Glaubwürdigkeit überprüft werden;

- das Gericht darf keine bestimmte Strafe zusagen, sondern lediglich eine Strafobergrenze angeben;

- die Strafe muss schuldangemessen sein;

- es erfolgt keine Vereinbarung eines Rechtsmittelverzichts vor Urteilsverkündung.

Erforderlich war außerdem eine qualifizierte Belehrung, d. h. das Gericht muss den Angeklagten darauf hinweisen, dass trotz der Absprache Rechtsmittel möglich sind.[174]

Im Jahr 2009 wurde durch das **„Gesetz zur Regelung der Verständigung im Strafverfahren"** (in Kraft getreten am 04.08.2009, Bundesgesetzblatt 2009, Nr.49, S.2353 f.) eine gesetzliche Grundlage für derartige Absprachen geschaffen worden.

Zentrale Vorschrift des neuen Gesetzes ist **§ 257 c StPO**.

Diese regelt die Möglichkeit einer Verständigung (Abs.1), die Grundlagen für eine solche Verständigung (Abs.2, 3), nämlich

- ein **Geständnis des Angeklagten** (Schuldspruch sowie Maßregeln der Besserung und Sicherung dürfen nicht Gegenstand der Absprache sein) und

---

173 BGHSt 43, 195, Urteil vom 28. August 1997.
174 BGHSt GrS 50, 40; Beschluss vom 03.März 2005

- die Zulässigkeit der Angabe einer **Ober- und Untergrenze der Strafe** (unter Berücksichtigung der allgemeinen Strafzumessungserwägungen),

sowie die Frage der Bindungswirkung einer Verständigung (Abs.4).

Weitere wichtige Vorschriften sind:

- **§ 202 a (i. V. m. § 212), 257 b StPO**: Möglichkeit zur Erörterung des Verfahrenstandes, auch schon vor der Hauptverhandlung (§ 202 a);

- **§ 243 Abs.4 StPO** (bisheriger Abs. 4 wird zu Abs.5): Pflicht, etwaige Verständigungen in der Hauptverhandlung bekannt zu geben;

-**§ 273 Abs.1 a StPO**: Pflicht, den Inhalt und das Ergebnis einer Verständigung zu protokollieren;

-**§ 302 Satz 2 StPO**: Ausschluss des Rechtsmittelverzichts, wenn eine Verständigung stattgefunden hat (über sein Recht, ein Rechtsmittel einzulegen, ist der Angeklagte in diesem Fall sogar qualifiziert zu belehren, § 35 a, Satz 3 StPO).

Das **Bundesverfassungsgericht** hat in seiner Entscheidung vom 19.03.2013 (2BVR 2628/10, 2 BVR 2155/10, 2 BVR 2883/10) entschieden, dass die gesetzlichen Regelungen zur Verständigung im Strafverfahren (noch) nicht verfassungswidrig sind, gleichzeitig aber auf bestehende Vollzugsdefizite (v. a. Vernachlässigung der Pflicht der Aufklärung des Sachverhalts von Amts wegen; mangelnde Dokumentation von Absprachen) hingewiesen.

IV. Rechtsmittel

Gegen die meisten gerichtlichen Entscheidungen können die Verfahrensbeteiligten mit Hilfe von Rechtsmitteln vorgehen.

Die Strafprozessordnung kennt drei verschiedene Rechtsmittel (sogenannte ordentliche Rechtsbehelfe)[175]:

-die Beschwerde (§§ 304 ff. StPO),

- die Berufung (§§ 312 ff. StPO),

- die Revision (§§ 333 ff. StPO).

Die Einlegung jedes dieser Rechtsmittel führt dazu, dass das Verfahren in die nächsthöhere Instanz gelangt, sog. **Devolutiveffekt.**[176]

Berufung und Revision – nicht hingegen die Beschwerde (§ 307 StPO) - lösen neben dem Devolutiveffekt gemäß §§ 316 bzw. 343 StPO einen **Suspensiveffekt** aus, d. h. sie hemmen die Rechtskraft des Urteils.[177]

Folgende Tabellen sollen einen Überblick über die Statthaftigkeit der einzelnen Rechtsmittel und über die strafrechtlichen Instanzenzüge verschaffen[178]:

Erstinstanz-liches **Urteil** des	**Amtsgerichts**	**Landgerichts**	**Oberlandes-gerichts**
Berufung	zum LG, „kl. Strafkammer", (Vors.+ 2 Schöffen), **§ 74 III GVG**	**Keine Berufung!**	**Keine Berufung!**

---

175 zu den sonstigen (außerordentlichen) Rechtsbehelfen: **C. V.**
176 Beulke, Rn.534.
177 vgl. Beulke, Rn.534.
178 anschaulich insofern auch die Übersichten bei Kindhäuser, S.162 - 164.

80

Erstinstanzliches **Urteil** des	**Amtsgerichts**	**Landgerichts**	**Oberlandesgerichts**
Revision	zum OLG, **§ 121 I, Nr.1 GVG** (auch direkt mögl. ohne vorherige Berufung, § 335 StPO), Entscheidung durch Strafsenat mit drei Berufsrichtern, § 122 I GVG	grds. zum **BGH, § 135 I GVG**, Ausn.: § 121 I, 1 c GVG; (auch direkt mögl. ohne vorherige Berufung, § 335 StPO), Entscheidung durch Strafsenat mit fünf Berufsrichtern, § 139 I GVG	**zum BGH, § 135 I GVG**, Entscheidung durch Strafsenat mit fünf Berufsrichtern, § 139 I GVG

Beschl. / Verfügung des Vors. am	**Amtsgericht**	**Landgericht**	**Oberlandesgericht**	**Bundesgerichtshof**
Beschwerde	zum Landgericht, § 73 I GVG	zum OLG, § 121 I 2 GVG	grds. nicht zulässig, § 304 IV 2 StPO, Ausn.: § 304 IV 3, Nr.1-5 StPO; in diesen Fällen: Beschw. zum BGH, § 135 II GVG	grds. nicht zulässig, § 304 IV 1 StPO, Ausn.: § 304 V StPO (Haftsache, Beschlagnahme, Durchsuchung, Unterbringung).

1. Allgemeines

Ehe auf die Rechtsmittel im Einzelnen näher eingegangen wird, sollen kurz die allgemeinen Zulässigkeitsvoraussetzungen, die für alle drei Rechtsmittel gleichermaßen gelten, erläutert werden.

a. Rechtsmittelberechtigung

Rechtsmittel können nur von den Rechtsmittelberechtigten eingelegt werden. Dies sind:

- die **Staatsanwaltschaft, § 296 I, II StPO,**
Zu beachten ist, dass die Staatsanwaltschaft gemäß § 296 II StPO **auch zugunsten des Beschuldigten** Rechtsmittel einlegen kann.

- der **Beschuldigte, § 296 I StPO,**

- der **Verteidiger, § 297 StPO,**
Dieser darf jedoch nicht gegen den ausdrücklichen Willen des Beschuldigten von Rechtsmitteln Gebrauch machen.

- der **gesetzliche Vertreter** des Beschuldigten, **§ 298 StPO,**
Dieser kann auch gegen den Willen des Beschuldigten Rechtsmittel einlegen.

- der **Privatkläger** im Privatklageverfahren, **§ 390 StPO,**

- der **Nebenkläger** unter den Voraussetzungen der §§ 400, 401 I StPO.

Zeugen, Sachverständigen und anderen von einer Entscheidung betroffenen Personen steht nach § 304 II StPO die Beschwerde zu. Andere Rechtsmittel können sie hingegen nicht einlegen.[179]

---

179 Meyer-Goßner, § 296, Rn.10.

b. Beschwer

Die genannten Rechtsmittelberechtigten können Rechtsmittel nur dann geltend machen, wenn sie selbst, bzw. die Dritten, für die sie das Rechtsmittel einlegen, beschwert sind. **Der Beschuldigte (und mit ihm sein gesetzlicher Vertreter und derVerteidiger)ist immer dann beschwert, wenn eine Entscheidung zu seinem Nachteil ergangen ist.**[180]

Beispiel: Der Angeklagte A wird vom Gericht zu drei Jahren Freiheitsstrafe verurteilt. A - und mit ihm sein Verteidiger V -ist durch diese Entscheidung beschwert.

Eine für den Beschuldigten nachteilige Entscheidung und damit eine Beschwer liegt auch dann vor, wenn die Entscheidung des Gerichts dem Antrag des Beschuldigten entspricht oder sogar günstiger als dieser ist, solange kein Freispruch erfolgt.[181]

Da die Staatsanwaltschaft sowohl zugunsten, als auch zu Lasten des Beschuldigten von den Rechtsmitteln Gebrauch machen kann, ist sie immer dann beschwert, wenn sie geltend macht, die ergangene Entscheidung sei unrichtig.[182]

Beispiel: Der Staatsanwalt S beantragt, den Angeklagten A wegen Totschlags zu 8 Jahren Freiheitsstrafe zu verurteilen. Das Gericht spricht ihn wegen Mordes schuldig und verurteilt ihn zu lebenslanger Haft.Die Staatsanwaltschaft ist durch diese Entscheidung beschwert und kann Rechtsmittel einlegen.

Eine Beschwer kann sich allein aus dem Entscheidungstenor, nicht hingegen aus den Entscheidungsgründen ergeben.[183]

Beispiel: A wird durch Urteil freigesprochen. In den Gründen heißt es, die Tat habe A nicht mit der nötigen Sicherheit nachgewiesen werden können. A ist durch die Entscheidung des Gerichts nicht beschwert.

Fehlt es an einer Beschwer, so ist das Rechtsmittel unzulässig.[184]

---

180 Beulke, Rn.537.
181 vgl. Volk, § 34, Rn.12 (mit Beispiel).
182 Beulke, Rn.537.
183 Putzke/Scheinfeld, S.178.

2. Berufung, §§ 312 ff. StPO

I. Zulässigkeit
- Statthaftigkeit: gg. Urteile des Strafrichters und des Schöffengerichts, § 312 StPO;

- Rechtsmittelberechtigung (vgl. oben);

- Beschwer (vgl. oben);

- Einlegungsfrist: binnen einer Woche ab Verkündung bzw. Zustellung, § 314 I, II StPO;

- Form: schriftlich oder zu Protokoll der Geschäftsstelle bei dem Gericht des ersten Rechtszuges, § 314 I StPO;

- Begründung, § 317 StPO (nicht zwingend, vgl. „kann");

- bei „Bagatellfällen": Annahme erforderlich, § 313 StPO.

II. Begründetheit
Die Berufung ist begründet, soweit das Berufungsgericht die angefochtene Entscheidung für unrichtig hält und bzgl. Schuldspruch oder Strafmaß zu einer anderen Entscheidung kommt.[185]

III. Entscheidung des Gerichts
Soweit die Berufung für begründet erachtet wird, entscheidet das Berufungsgericht unter Aufhebung des ursprünglichen Urteils in der Sache selbst, § 328 StPO.

Im Rahmen der Zulässigkeit der Berufung ist besonders darauf zu achten, dass sie gemäß § 312 StPO nur gegen Urteile des Strafrichters und des Schöffengerichts statthaft ist. **Gegen erstinstanzliche Urteile des Landgerichts und des Oberlandesgerichts findet eine Berufung nicht statt!** Bei der Berufung handelt es sich um eine zweite Tatsacheninstanz, d. h. die Einführung neuer Beweismittel in den Prozess ist zulässig,§ 323 III StPO. Der genaue Ablauf der Berufungsverhandlung ergibt sich aus den §§ 323 ff. StPO.

---

184 Putzke/Scheinfeld, S.177.
185 Beulke, Rn.557.

3. Revision, §§ 333 ff. StPO

I. Zulässigkeit
- Statthaftigkeit: gg. Urteile der Strafkammern, Schwurgerichte und die erstinstanzlichen Urteile des OlG (§ 333 StPO) sowie gg. Urteile, die der Berufung zugänglich sind (sog. Sprungrevision, § 335 StPO);

- Rechtsmittelberechtigung (vgl. oben);

- Beschwer (vgl. oben);

- Einlegungsfrist: binnen einer Woche ab Verkündung bzw. Zustellung, § 341 I, II StPO;

- Form: schriftlich oder zu Protokoll der Geschäftsstelle, bei dem Gericht, dessen Entscheidung angefochten wird, § 341 I StPO;

- Revisionsantrag: Erklärung, inwieweit Urteil angefochten wird, § 344 StPO;

- Begründung des Antrags (durch RA), § 344 I, II, 345 II StPO ;

- Begründungsfrist: ein Monat ab Ablauf der Einlegungsfrist bzw. bei späterer Zustellung ab diesem Zeitpunkt, § 345 StPO.

II. Begründetheit
Die Revision ist begründet, wenn das Urteil auf einer Verletzung des Gesetzes beruht, § 337 I StPO.

III. Entscheidung des Gerichts
Soweit die Revision für begründet erachtet wird, verweist das Revisionsgericht i. d. R. an eine andere Kammer bzw. Abteilung des Gerichts zurück, dessen Entscheidung aufgehoben wird, § 354 II StPO.
In Ausnahmefällen kommt nach § 354 I StPO eine eigene Entscheidung des Revisionsgerichts in Betracht.

Die Revision ist ein „beliebtes" Thema in Hausarbeiten und Klausuren. Aufgabenstellungen wie z. B. „Hat die Revision Aussicht auf Erfolg?" kommen recht häufig vor. Zu prüfen ist in diesen Fällen, ob die Revision zulässig und begründet ist. Die Zulässigkeitsvoraussetzungen lassen sich aus obiger Tabelle entnehmen.

Begründet ist die Revision gemäß § 337 I StPO, wenn das Urteil auf einer Verletzung des Gesetzes[186]beruht. Eine Gesetzesverletzung liegt vor, wenn eine Rechtsnorm nicht oder nicht richtig angewandt wurde (§ 337 II StPO). Dies bedeutet, dass mit der Revision **lediglich rechtliche, nicht hingegen tatsächliche, Feststellungen** angegriffen werden können.[187]

Gemäß § 344 II StPO wird unterschieden nach der Art des Gesetzesverstoßes.

a. Verletzung von Verfahrensrecht

Zum einen kommt eine Verletzung von Verfahrensrecht in Betracht. Diese wird mit der sog. **Verfahrensrüge** beanstandet. Eine Verletzung von Verfahrensrecht ist anzunehmen, „wenn eine gesetzlich vorgesehene Handlung unterblieben ist, eine solche fehlerhaft vorgenommen wurde oder eine Verfahrenshandlung gänzlich unzulässig war."[188]

Neben der Gesetzesverletzung fordert § 337 I StPO für eine begründete Revision, dass das Urteil auf dieser beruhen muss. Dies ist der Fall, wenn das Urteil ohne die Gesetzesverletzung möglicherweise anders ausgefallen wäre.[189]

§ 338 StPO enthält eine Liste von Fällen, in denen das Beruhen des Urteils auf dem Gesetzesverstoß stets angenommen wird (sog. **absolute Revisionsgründe**), und zwar bei:

---

186 Gesetz i. d. S. ist jede Rechtsnorm, § 7 EGStPO.
187 Beulke, Rn.563.
188 Putzke/Scheinfeld, S.188.
189 Putzke/Scheinfeld, S.187.

- nicht vorschriftsmäßiger Besetzung des Gerichtes (Nr.1)

Diese Vorschrift dient der Sicherung des Rechts auf den gesetzlichen Richter.[190] Ein Fall nicht vorschriftsmäßiger Besetzung liegt auch vor, wenn ein Richter, z. B. aufgrund von Übermüdung, für einen erheblichen Zeitraum unaufmerksam ist.[191]

Zum Fall (S. 51): Der vorsitzende Richter R hat während der Verlesung der Anklageschrift eine knappe halbe Stunde geschlafen und damit einen erheblichen Teil der Sitzung versäumt. Das Gericht war während dieser Zeit nicht ordnungsgemäß besetzt. Es liegt ein Revisionsgrund nach § 338 Nr.1 StPO vor.

Gemäß § 222 b StPO ist die vorschriftswidrige Besetzung bis zum Beginn der Vernehmung des ersten Angeklagten zur Sache zu rügen, sofern die Gerichtsbesetzung nach § 222 a StPO mitgeteilt wurde. Andernfalls ist die Rüge präkludiert (ausgeschlossen).[192]

- Mitwirkung eines kraft Gesetzes ausgeschlossenen Richters oder Schöffen (Nr.2)

Ein absoluter Revisionsgrund nach § 338 Nr.2 StPO besteht, wenn ein kraft Gesetzes ausgeschlossener Richter oder Schöffe bei der Urteilsfindung mitgewirkt hat, nicht hingegen, wenn er lediglich Verfügungen zur Vorbereitung der Hauptverhandlung getroffen hat.[193]

- Mitwirkung eines abgelehnten Richters oder Schöffen (Nr. 3)

Nach § 338 Nr.3 StPO begründet die weitere Mitwirkung eines Richters oder Schöffen, der wegen Besorgnis der Befangenheit abgelehnt wurde die Revision, und zwar sowohl in den Fällen, in denen die Ablehnung für begründet erklärt wurde, als auch bei zu Unrecht verworfenem Ablehnungsantrag. Ein Ablehnungsantrag ist zu Unrecht verworfen, wenn er sachlich begründet war oder willkürlich als unzulässig verworfen wurde.[194]

---

190 Meyer-Goßner, § 338, Rn.6.
191 Meyer-Goßner, § 338, Rn.14.
192 Meyer-Goßner, § 338, Rn.16, 16 a.
193 Meyer-Goßner, § 338, Rn.22.
194 Meyer-Goßner, § 338, Rn.28.

Zum Fall (S. 51): Der Antrag auf Ablehnung des R von der Mitwirkung an dem Verfahren war hier sachlich begründet, da angesichts der jahrelangen guten Freundschaft zwischen R und dem Opfer G Zweifel an der Unparteilichkeit des R gerechtfertigt waren. Die weitere Verhandlung durch R begründet einen Revisionsgrund nach § 338 Nr.3 StPO.

- fälschlicher Annahme der Zuständigkeit durch das Gericht (Nr.4)

§ 338 Nr.4 StPO betrifft die örtliche, sachliche und besondere Zuständigkeit gleichrangiger Gerichte, wobei die Rüge der örtlichen Unzuständigkeit voraussetzt, dass der Einwand nach § 16 StPO rechtzeitig erhoben wurde.[195]

- vorschriftswidriger Abwesenheit (Nr.5)

§ 338 Nr.5 StPO sieht einen absoluten Revisionsgrund für die Fälle vor, in denen die Hauptverhandlung in Abwesenheit der Staatsanwaltschaft oder einer anderen Person, deren Anwesenheit das Gesetz vorschreibt (z. B. der Urkundsbeamte der Geschäftsstelle, der Angeklagte, der Verteidiger, sofern ein Fall notwendiger Verteidigung nach § 140 StPO vorliegt, der Dolmetscher[196]),stattgefunden hat.

Allerdings liegt ein Fall des § 338 Nr.5 StPO nur vor, wenn die Abwesenheit einen wesentlichen Teil der Hauptverhandlung betraf.[197] Unwesentlich i. d. S. ist z. B. der Aufruf von Zeugen und Sachverständigen sowie deren Belehrung nach § 57 StPO, die Identitätsfeststellung des Angeklagten und die mündliche Darlegung der Urteilsgründe, da in diesen Fällen ein Beruhen des Urteils auf dem Gesetzesverstoß denkgesetzlich ausgeschlossen ist.[198]

- Verletzung des Öffentlichkeitsgrundsatzes (Nr.6)

Eine unzulässige Beschränkung der Öffentlichkeit liegt vor, wenn die Öffentlichkeit entgegen der gesetzlichen Vorschriften (§§ 169, S.1 GVG i. V. m. §§ 171 a – 173, 175, 177 GVG) ausgeschlossen wurde oder wenn das Verfahren für die Ausschließung nach § 174 GVG nicht beachtet wurde.[199]

---

195 Meyer-Goßner, § 338, Rn.30 ff.
196 näheres s. Meyer-Goßner, § 338, Rn.39 a ff.
197 Putzke/Scheinfeld, S.190.
198 Putzke/Scheinfeld, S.190.
199 Meyer-Goßner, § 338, Rn.48.

Ein absoluter Revisionsgrund nach Nr.6 liegt nur vor, wenn der unzulässige Ausschluss auf ein Verschulden des Gerichts zurückzuführen ist, nicht hingegen bei zufälligen Geschehnissen.[200]

Nicht unter § 338 Nr.6 StPO fällt die unzulässige Erweiterung der Öffentlichkeit.[201]

Beispiel: Die Verhandlung gegen einen bekannten Musiker wird in eine Sporthalle verlegt. 4000 Zuschauer sind begeistert über die launigen Sprüche des Vorsitzenden. Ein absoluter Revisionsgrund nach § 338 Nr.6 StPO liegt nicht vor. In Betracht käme aber ein relativer Revisionsgrund nach § 337 StPO, soweit das Urteil auf dem Verfahrensverstoß beruht.

- fehlende oder verspätete Urteilsbegründung (Nr.7)

Ein absoluter Revisionsgrund nach § 338 Nr.7 StPO liegt vor, wenn das Urteil keine Entscheidungsgründe enthält oder die Begründungsfrist des § 275 I, S.2, 4 StPO nicht eingehalten wurde. Unvollständige oder in sonstiger Weise mangelhafte Entscheidungsgründe stellen demgegenüber keinen Fall des § 338, Nr.7 StPO dar.[202]

- unzulässige Beschränkung der Verteidigung (Nr.8)

Trotz der systematischen Stellung enthält § 338 Nr.8 StPO nach überwiegender Ansicht **keinen absoluten Revisionsgrund**.[203] Vielmehr ist nur bei Verletzung einer besonderen Verfahrensvorschrift vom Vorliegen einer unzulässigen Verteidigungsbeschränkung auszugehen, wobei zudem zwischen dem Verfahrensfehler und dem Urteil eine kausale Beziehung, d. h. ein mögliches Beruhen der Sachentscheidung auf der Beschränkung, erforderlich ist.[204] Damit wird § 338, Nr.8 StPO faktisch zu einem relativen Revisionsgrund. Weiter eingeschränkt wird der Anwendungsbereich des § 338 Nr.8 StPO dadurch, dass die Beschränkung durch einen **in der Hauptverhandlung** ergangenen Gerichtsbeschluss erfolgt sein muss.[205]

---

200 BGHSt 21, 72 (74), Urteil vom 10. Juni 1966.
201 BGHSt 10, 202 (206), Urteil vom 8. Februar 1957.
202 BGH MDR 71, 548, Urteil vom 22. Januar 1971.
203 Meyer-Goßner, § 338, Rn.58 (mit weiteren Nachweisen); a. A. Sarstedt/Hamm, Rn.463.
204 BGHSt 30, 131 (135/137), Urteil vom 26.05.1981; weitere Nachweise bei Meyer-Goßner, § 338, Rn.58 f.
205 vgl. Meyer-Goßner, § 338, Rn.60.

Zum Fall[206] **(S. 51):** A wurde vorliegend von dem Vorsitzenden nicht darüber belehrt, dass es ihm freisteht, sich zur Sache zu äußern. Diese unterbliebene Belehrung begründet grundsätzlich einen Revisionsgrund nach § 337 StPO, da es zumindest möglich ist, dass das Urteil auf der Gesetzesverletzung beruht. Etwas anderes gilt nur dann, wenn der Ange-klagte sein Aussageverweigerungsrecht kannte, da dann ein Beruhen des Urteils auf dem Verstoß ausgeschlossen ist.[207] Da vorliegend nicht er-sichtlich ist, dass A um sein Recht wusste, kann die Revision hier auf den Verstoß gegen § 243 V 1 StPO gestützt werden.

Auch auf die nicht erfolgte Belehrung der E über das ihr nach § 52 III StPO zustehende Zeugnisverweigerungsrecht kann die Revision hier nach § 337 StPO gestützt werden, da zumindest möglich ist, dass das Urteil auf dem Verstoß beruht.

Abschließend begründet im vorliegenden Fall auch die unzulässige Be-schränkung des letzten Wortes die Revision. Ein solcher Verstoß stellt zwar keinen absoluten Revisionsgrund dar, jedoch ist ein mögliches Be-ruhen des Urteils auf der Gesetzesverletzung i. d. R. nicht auszuschlie-ßen, so dass die Revision gemäß § 337 StPO Erfolg hat.[208]

b. Verletzung sachlichen Rechts

Die Verletzung sachlichen (materiellen) Rechts wird mit der **Sach-rüge** beanstandet. Im Rahmen der Revision wird dann überprüft, ob das Gericht aus dem festgestellten Sachverhalt falsche recht-liche Konsequenzen gezogen hat.[209]

Die Sachrüge kann zum Erfolg führen, wenn das Gericht falsch subsumiert hat, einer fehlerhaften Rechtsansicht gefolgt ist, den „in dubio pro reo"-Grundsatz nicht beachtet hat, rechtliche Fehler bei der Beweiswürdigung begangen hat oder im Rahmen der Strafzumessung falsche Erwägungen angestellt hat.[210]

---

206 Revisionsrechtliche Auswirkungen, soweit nicht bereits oben erörtert; zur Frage inwieweit eine Verletzung der Aufklärungspflicht (§ 244 II StPO) eine Revision begründet siehe Sarstedt/Hamm, Rn. 513 ff.
207 Meyer-Goßner, § 243, Rn.39.
208 vgl. BGHSt 22, 278, Urteil vom 15. November 1978.
209 Putzke/Scheinfeld, S.193.
210 Putzke/Scheinfeld, S.193.

Beispiel: E hat sich seine CD, die er seinem Bekannten B geliehen hatte, mit Gewalt von diesem zurückgeholt. Das Gericht verurteilt E wegen Raubes. Da es sich bei der CD aber nicht um eine für E fremde Sache handelt, fehlt es an einem Merkmal des gesetzlichen Tatbestands des § 249 StGB. Das Gericht hat mithin falsch subsumiert. Das Urteil kann mit der Sachrüge erfolgreich angefochten werden.

Das Beruhen des Urteils auf einem Gesetzesverstoß ergibt sich bei der Sachrüge aus dem Urteil selbst, die Akten werden für die Überprüfung weder gebraucht, noch dürfen sie aufgeschlagen werden.[211]

4. Beschwerde, § 304 ff. StPO

I. Zulässigkeit
- Statthaftigkeit: gg. Beschlüsse des Gerichts und richterliche Verfügungen, soweit das Gesetz sie nicht ausdrücklich der Anfechtung entzieht, § 304 I StPO;

- kein Ausschluss nach § 305, S.1 StPO

- Rechtsmittelberechtigung (vgl. oben);

- Beschwer (vgl. oben);

- Frist: grds. unbefristet (Ausn.: sofortige Beschwerde, gemäß § 311 II StPO innerhalb einer Woche ab Bekanntmachung der Entscheidung einzulegen).

II. Begründetheit
Die Beschwerde ist begründet, wenn die angefochtene Entscheidung unrichtig ist.

III. Verfahren
Abhilfemöglichkeit für Ausgangsgericht, § 306 II StPO; wenn keine Abhilfe: Vorlage an Beschwerdegericht und Entscheidung, ggf. nach Anhörung des Beschwerdegegners (§ 308 I StPO), ohne mündliche Verhandlung, § 309 I StPO. Wird die Beschwerde für begründet erachtet, so erlässt das Beschwerdegericht zugleich die in der Sache erforderliche Entscheidung, § 309 II StPO.

---

211 BGHSt 35, 238 (241), Beschluss vom 17. März 1988.

Ein wichtiger Sonderfall ist die **weitere Beschwerde** nach **§ 310 StPO**. Diese kann **in Haft- und Unterbringungssachen** gegen die auf die Beschwerde hin erlassenen Beschlüsse erhoben werden.

Sofern das Gesetz als Rechtsmittel die **sofortige Beschwerde** nach **§ 311 StPO** vorsieht, so ist die **Wochenfrist** einzuhalten (§ 311 II StPO).

Gemäß **§ 305, S.1 StPO** sind die Entscheidungen des erkennenden Gerichts, die der Urteilsfällung vorausgehen, nicht mit der Beschwerde angreifbar. § 305, S.2 StPO benennt wiederum die Fälle, in denen der Ausschluss nach S.1 nicht gilt, wobei es sich **nicht** um eine abschließende Aufzählung handelt.[212]

Sinn und Zweck der Beschränkung der Beschwerde ist es, die isolierte Anfechtung von Entscheidungen, die der Vorbereitung des Urteils dienen, zu verhindern und so einen zügigen Fortgang der Hauptverhandlung zu gewährleisten.[213] Eine Überprüfung dieser Entscheidungen ist jedoch gemäß § 336 StPO im Rahmen der Revision möglich.

---

212 Meyer-Goßner, § 305, Rn. 7.
213 Volk, § 37, Rn. 6.

V. Außerordentliche Rechtsbehelfe

Neben den eben dargestellten Rechtsmitteln (sog. ordentliche Rechtsbehelfe) gibt es folgende außerordentliche Rechtsbehelfe, die im Strafverfahren von Bedeutung sein können:

- Wiedereinsetzung in den vorigen Stand, §§ 44 ff. StPO

- Wiederaufnahme des Verfahrens, §§ 359 ff. StPO

- Verfassungsbeschwerde, Art. 93 I, Nr.4 a GG

Mit Eintritt der Rechtskraft ist eine gerichtliche Entscheidung endgültig, d. h. das prozessuale Ergebnis ist grundsätzlich nicht mehr abänderbar.[214] Mit den oben dargestellten Rechtsmitteln kann eine rechtskräftige Entscheidung daher nicht angefochten werden. In Betracht kommt nur die Einlegung eines außerordentlichen Rechtsbehelfs. Diese weisen die Besonderheit auf, dass sie die **Rechtskraft durchbrechen**.[215]

1. Wiedereinsetzung in den vorigen Stand, §§ 44 ff. StPO

I. Zulässigkeit
- Antrag auf Wiedereinsetzung, § 45 I StPO;

- Frist: eine Woche ab Wegfall des Hindernisses, § 45 I StPO;

- Nachholung der versäumten Handlung während Antragsfrist; § 45 II, S.2 StPO;

- Glaubhaftmachung der Antragsgründe, § 45 II 1 StPO

II. Begründetheit
Der Antrag ist gemäß § 44, S.1 StPO begründet, wenn der Antragsteller **ohne Verschulden** an der Einhaltung der Frist verhindert war.

---

214 Beulke, Rn. 501.
215 Beulke, Rn. 533.

Der Antrag auf Wiedereinsetzung in den vorigen Stand ist darauf gerichtet, **nach Versäumung einer prozessualen Frist**[216] wieder in die Verfahrenslage versetzt zu werden, die vor der Fristversäumnis bestand. Eine Frist versäumt, wer sie einhalten wollte, aber nicht eingehalten hat, nicht hingegen, wer von einem Rechtsbehelf innerhalb der Frist bewusst keinen Gebrauch macht.[217]

Von einer Verhinderung **ohne Verschulden** ist auszugehen, **wenn** der Antragsteller die ihm **mögliche und zumutbare Sorgfalt angewandt** hat.[218]

Das Verschulden des Verteidigers ist dem Beschuldigten grundsätzlich nicht zuzurechnen,[219] ebenso wenig, das Verschulden eingeschalteter Privatpersonen, sofern diese sorgfältig ausgewählt und überwacht wurden.[220]

Beispiel: A ist vor dem Amtsgericht am 20.07.12 verurteilt worden. Er überlegt, gegen die Entscheidung Berufung einzulegen. Am 25.07.12 wird er jedoch in einen schweren Verkehrsunfall verwickelt und muss wegen erheblicher Verletzungen bis zum 31.07.12 im Krankenhaus behandelt werden. Nach seiner Entlassung geht er am 02.08.12 zum Gericht und legt zu Protokoll der Geschäftsstelle Berufung ein, wobei er unter Vorlage der Krankenhausunterlagen von seinem Unfall berichtet. A ist hier Wiedereinsetzung in den vorigen Stand zu gewähren, da er unverschuldet an der Einhaltung der Berufungsfrist gehindert war. Es kann ihm auch nicht entgegengehalten werden, dass er bereits vor dem 25.07.12 hätte Berufung einlegen können, da es ihm freisteht, die gesetzlichen Fristen auszuschöpfen.

Gemäß § 44, S.2 StPO ist die Versäumung einer Rechtsmittelfrist als unverschuldet anzusehen, wenn die Belehrung nach §§ 35 a, 319 II 3, 346 II 3 StPO unterblieben ist.

---

216 vgl. Meyer-Goßner, § 44, Rn.3.
217 Meyer-Goßner, § 44, Rn. 5.
218 Volk, § 15, Rn.26.
219 BGHSt 14, 306 (308), Urteil vom 25. Mai 1960.
220 Beulke, Rn.306; allg. zum Verschulden Dritter: vgl. Meyer-Goßner, §§ 44, Rn.15 ff.; Beispiele für Fälle unverschuldeter Säumnis: KMR, § 44, Rn. 13 ff.

2. Wiederaufnahme des Verfahrens, §§ 359 ff. StPO

I. Zulässigkeit (sog. Aditionsverfahren)
- Antrag nach § 366 II StPO;

- Angabe des Wiederaufnahmegrundes und der Beweismittel, § 366 I StPO (der Wiederaufnahmegrund muss schlüssig dargelegt werden[221]);

- kein Ausschluss nach § 363 StPO (Wiederaufnahme unzulässig zu dem Zweck, eine andere Strafzumessung (Abs.1) oder eine Milderung der Strafe aufgrund verminderter Schuldfähigkeit (Abs.2) herbeizuführen);

II. Begründetheit (sog. Probationsverfahren)
Der Wiederaufnahmeantrag ist begründet, wenn die in ihm aufgestellten Behauptungen genügende Bestätigung gefunden haben, vgl. § 370 I, II StPO. Um dies festzustellen ist gemäß § 369 I StPO gegebenenfalls eine Beweiserhebung durch einen ersuchten Richter durchzuführen.

III. Entscheidung
Sofern der Antrag begründet ist, ordnet das Gericht grundsätzlich die Wiederaufnahme des Verfahrens und die Erneuerung der Hauptverhandlung an, § 370 II StPO (Ausn.: Freispruch ohne Hauptverhandlung nach § 371 StPO).

Die **Wiederaufnahmegründe** sind in **§§ 359, 362 StPO** abschließend aufgezählt, wobei zwischen Wiederaufnahmegründen zugunsten (§ 359 StPO) und zuungunsten des Angeklagten (§ 362 StPO) unterschieden wird.

---

221 vgl. Beulke, Rn. 587.

Zugunsten des Verurteilten, § 359 StPO	Zuungunsten des Angeklagten, § 362 StPO
- unechte Urkunde zuungunsten des Verurteilten vorgebracht, Nr.1;	- unechte Urkunde zugunsten des Angeklagten vorgebracht, Nr.1;
- falsche Aussage / falsches Gutachten zuungunsten des Verurteilten, Nr.2;	- falsche Aussage / falsches Gutachten zugunsten des Angeklagten, Nr.2;
- Amtspflichtverletzung durch Richter oder Schöffen, Nr.3;	- Amtspflichtverletzung durch Richter oder Schöffen, Nr.3;
- zivilgerichtl. Urteil, auf welches sich das Strafurteil gründet, durch rechtskräftiges Urteil aufgehoben, Nr.4;	- **glaubwürdiges gerichtliches oder außergerichtliches Geständnis, Nr.4.**
- **neue Tatsachen oder Beweismittel, Nr.5;**	
- Feststellung einer Menschenrechtsverletzung und Beruhen des Urteils auf dieser, Nr.6.	

Im **Strafbefehlsverfahren** ist **zusätzlich** der Wiederaufnahmegrund nach **§ 373 a StPO** zuungunsten des Angeklagten zu beachten.

3. Verfassungsbeschwerde, Art.93 I, Nr. 4 a GG

Mit der Verfassungsbeschwerde kann der Betroffene gegen jeden Akt der öffentlichen Gewalt, also auch gegen ein Strafurteil, vorgehen, sofern er geltend macht, durch das Urteil in einem seiner Grundrechte verletzt zu sein.[222] Die Verfassungsbeschwerde ist **näher geregelt in §§ 90 ff. BVerfGG.**

---

222 zur Verfassungsbeschwerde vgl. Jarass/Pieroth, Art. 93, Rn. 45 ff.

96

D. Strafvollstreckung, §§ 449 ff. StPO

Sobald ein Strafurteil rechtskräftig ist, kann es vollstreckt werden, § 449 StPO.

Die Vollstreckung umfasst das Verfahren vom Urteil bis zum Antritt der Strafe sowie die Überwachung der Bestrafung (z. B. Bewährungsanträge, etc.).[223] Gemäß § 451 I StPO erfolgt die Strafvollstreckung durch die **Staatsanwaltschaft als Vollstreckungsbehörde.**

Zu unterscheiden von der Strafvollstreckung ist hingegen der Strafvollzug. Dieser ist im Strafvollzugsgesetz geregelt und betrifft den Zeitraum von der Aufnahme bis zur Entlassung aus der Strafanstalt.[224]

Literaturverzeichnis

Beulke, Werner; Strafprozessrecht, 12. Auflage, Heidelberg 2012.

Brodag, Wolf – Dietrich; Strafverfahrensrecht, 12. Auflage, Stuttgart 2008.

Fischer, Thomas; Strafgesetzbuch und Nebengesetze, 63. Auflage, München 2016.

Göbel, Klaus; Strafprozess, 7. Auflage, München 2009.

Hannich, Rolf (Hrsg.); Karlsruher Kommentar, Strafprozessordnung, 6. Auflage, München 2008.

Heintschel – Heinegg, Johann von / Stöckel, Heinz (Hrsg.);KMR, Kommentar zur Strafprozessordnung, Band 1, Neuwied 1998 (50. Aktualisierungslieferung; Stand: Juni 2008).

Herdegen, Gerhard; „Das Beweisantragsrecht – Betrachtungen anhand und zur Rechtsprechung (Teil I)", in: NStZ 1998, S. 444 – 450.

Isak, Franz / Wagner, Alois; Strafvollstreckung, 7. Auflage, München 2004.

Jarass, Hans D. / Pieroth, Bodo; Grundgesetz, Kommentar,10. Auflage, München 2009.

Kindhäuser, Urs; Strafprozessrecht, 3.Auflage, Baden – Baden 2013.

Meyer – Goßner, Lutz; Strafprozessordnung, 58. Auflage, München 2015.

Putzke, Holm / Scheinfeld, Jörg; Strafprozessrecht, 1. Auflage, Baden – Baden 2005.

Rose, Gabriele / Witt, Olaf;„Fälle zu den Beweisverwertungsverboten", in: JA 1998, S. 400 – 406.

Roxin, Claus; Strafverfahrensrecht, 25. Auflage, München 1998.

Sarstedt, Werner / Hamm, Rainer; Die Revision in Strafsachen,6. Auflage, Berlin 1998.

Schroeder, Friedrich – Christian / Verrel, Torsten; Strafprozessrecht, 4.Auflage, München 2007.

Solbach, Günter; „Die Verdachtsstufen der Strafprozessordnung", in: JA 1995, S. 964 – 972.

Volk, Klaus / Engländer, Armin; Grundkurs StPO, 8. Auflage, München 2013.

Waldraff, Matthias; „Über meinen täglichen Kontakt zu Richterinnen und Richtern", in: Mitteilungsblatt des Niedersächsischen Richterbundes, Januar 2007, S.49 – 52.

---

223 Putzke/Scheinfeld, S.197.
224 Isak/Wagner, Rn.2.